NEROARGENTO

Das Schönste, was wir empfinden können,
ist das Gefühl des Geheimnisvollen. Es ist die
Quelle aller wahren Kunst und aller Wissenschaft.
Wer dieses Empfinden nicht kennt, wer nicht in
der Lage ist, zu verweilen, um über etwas
nachzusinnen, und sich in scheuer Bewunderung
zu begeistern, der ist wie tot: Seine Augen sind
verschlossen.

Albert Einstein

ALBERTO TOSO FEI

VENEZIANISCHE LEGENDEN UND GESPENSTERGESCHICHTEN

EIN FÜHRER ZU DEN GEHEIMNISVOLLEN ORTEN DER STADT

ELZEVIRO

VENEZIANISCHE LEGENDEN UND GESPENSTERGESCHICHTEN

EIN FÜHRER ZU DEN GEHEIMNISVOLLEN ORTEN DER STADT

1. Ausgabe in deutscher Sprache 2008

REIHE NEROARGENTO

Projekt, Layout
Editionsleitung
Alessandro Tusset

Text
Alberto Toso Fei © 2002

Photographie
Vito Vecellio

Übersetzung
Kristine Hecker

Illustrationen
Valter Fenuccio
Alessandro Toso Fei (Detailkarten)

Redaktionsarbeit
Alessandra Tamberi

photographische Beratung
Gabriele Gomiero

Vorwort
Alessandro Tusset

Druck
Centrooffset Master

Editrice Elzeviro
via A. Diaz 20, 31100 Treviso
e-mail: *info@elzeviro.com*
www.elzeviro.com

ISBN 88-87528-23-3

Für Elena, in der Hoffnung,
dass dies nur das erste Buch ist, das ihr gewidmet wird.

INHALTSVERZEICHNIS

III ✝ DER SEUFZER DES ABGETRENNTEN KOPFES

IV ✝ DER LEUCHTENDE SCHATTEN DES TEUFELS

Ich verspreche nichts Vollständiges, da alles Menschliche, das perfekt aussieht, genau aus diesem Grund mit Sicherheit Fehler aufweist.

Herman Melville, "Moby Dick"

Vorwort

Venedigs Ruhm und seine Geschichte können nicht in ein Buch gezwängt werden. Im Laufe der Jahrhunderte war die Stadt "die Königin der Meere", "die Serenissima", "die Potentissima" - man spricht von ihr als von der Stadt der Dogen, von Casanovas, Marco Polos, von Carlo Goldonis Stadt… und Friedrich Nietzsche sagte einmal, ihm fiel nur ‚Venedig' ein, wenn er das Wort ‚Musik' neu benennen müsse.
Für viele ist Venedig die Stadt der Liebe. Andere empfinden es als einen magischen, mysteriösen Ort. Sicher ist eins - Venedig spricht durch sich selbst zu dem, der zuhören will, zu dem, der sich dem Bann hingibt, in den seine veränderliche Gestalt aus Licht und Schatten, Geräuschen, Farbreflexen und -nuancen die Seele zu ziehen vermag. Es ist, als wolle die Stadt in einem intimen Dialog einem aufmerksamen Gesprächspartner von sich selbst erzählen, indem sie den Vorhang des Anscheins lüftet und ein Bild enthüllt, das nur sichtbar wird, wenn man – von Zeit-Raum-Gesetzen losgelöst – in eine andere Dimension gleitet, in der die Handlungsstränge seiner Geschichte jede noch so kleine Spur, auch die dunkelste, unheimlichste, bloßlegen.
Die hier beschriebenen Ereignisse sind zumeist historisch belegt oder stammen aus Chroniken verschiedener Epochen, d.h. sie sind wirklich passiert. Andere gehören dagegen zu den venezianischen Volkslegenden, die über Jahrhunderte weitererzählt wurden oder einfach Varianten von allgemein europäischem Sagengut sind. Wieder andere sind der Phantasie des Autors entsprungen, hätten sich aber sehr gut so zutragen können - und dem Verfasser gefällt dieser Gedanke.

I

DER FLUG DER HEXE

DER VERRÄTERISCHE, DER BLINDE, DER PROPHETISCHE DOGE
DAS GERIPPE DES GLÖCKNERS
VOM BETTLER UND VOM LEVANTINER
VOM KOSMOGRAPHEN, DER LUZIFERS TRÄUME RAUBTE
VON DEM KLEINEN MÄDCHEN, DAS NIE BEERDIGT WURDE
VON DEN TINTENFISCHEN MIT DEN FRAUENAUGEN
VON DEM ALTEN WUCHERER
DIE STATUE DES VERFLUCHTEN APOSTELS
VON DEN HEUCHLERN, DIE ZU STEINSTATUEN WURDEN
VON DER HEXE, DIE DURCH DIE WAND VERSCHWAND
DIE KINDERPEST

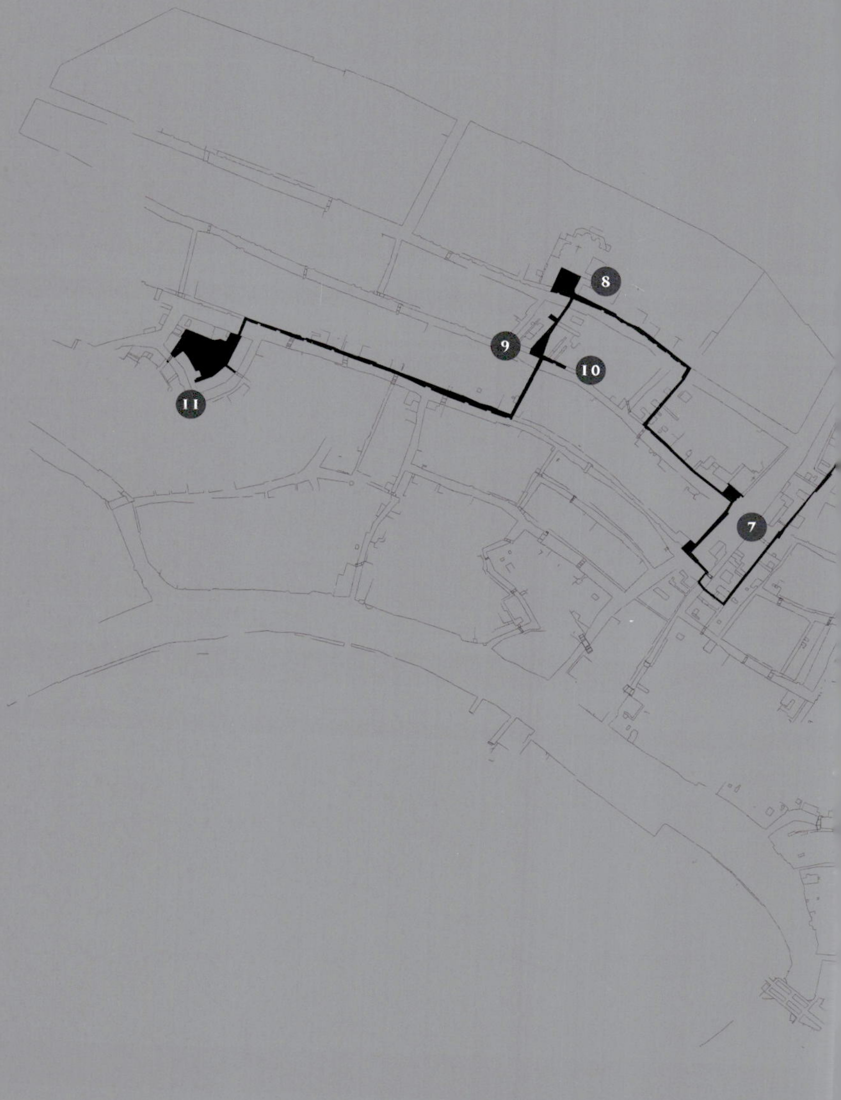
8
9
10
11
7

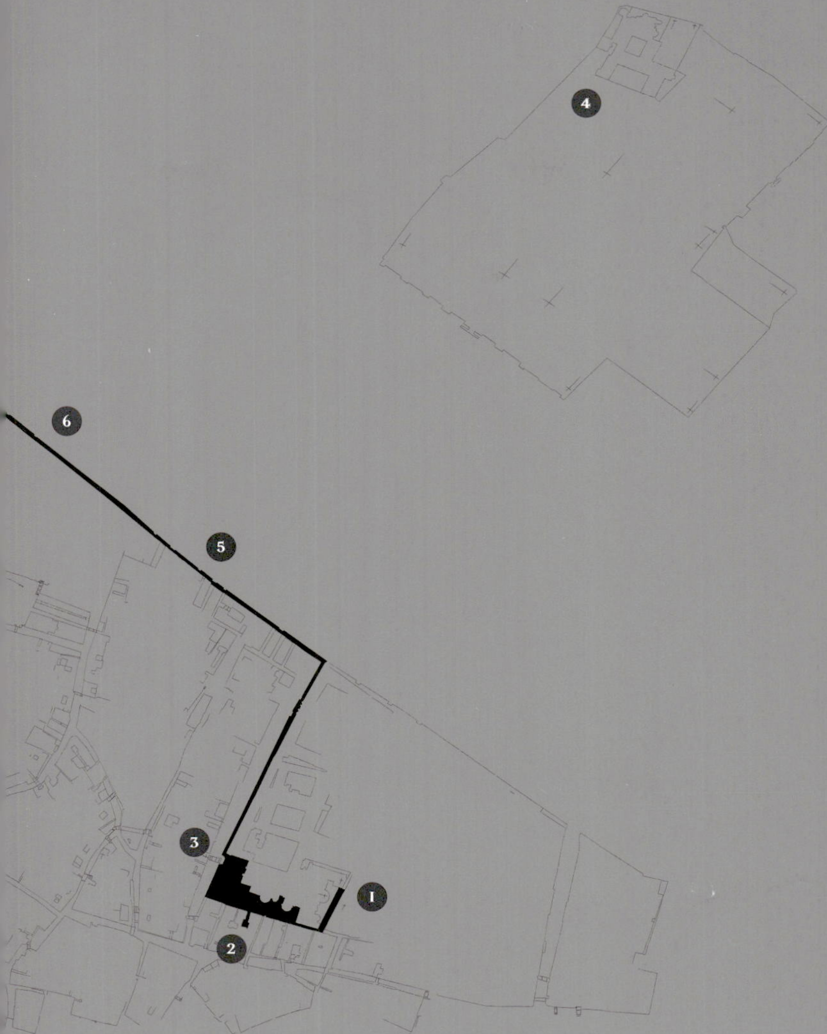
4
6
5
3
1
2

Unser erster Rundgang beginnt im Sestiere **Castello**, in dem Viertel, das die größte Ausdehnung und die meisten Bewohner hat; dann gehen wir aber gleich in den Stadtteil, der Castello am meisten ähnelt, nach **Cannaregio**. Wir fangen hinter der großen **Kirche Santi Giovanni e Paolo** (auf venezianisch *San Zanipolo*) in der *Calle de la Cavallerizza* an, wo sich am Ende des 17. Jhs. die **Cavallerizza dei nobili** befand, eine Reitschule, die der Gasse den Namen gab: Zum Vergnügen der Pferdeliebhaber unter den venezianischen Patrizier konnte sie mehr als 70 Pferde aufnehmen. Hier in dieser Gasse wohnte *Giacomo Casanova* bei den Damen Pozzo, als er am 25. Juli 1755 verhaftet und in die **Piombi**, das berüchtigte Gefängnis im Palazzo Ducale, gebracht wurde – aber auf ihn kommen wir später noch zurück.

Die **Sestieri** sind etwa vergleichbar mit Stadtvierteln; es sind jeweils drei auf jeder Seite des Canal Grande. Außer **Castello** und **Cannaregio** gibt es also noch vier: **San Marco**, **San Polo**, **Santa Croce** und **Dorsoduro**.

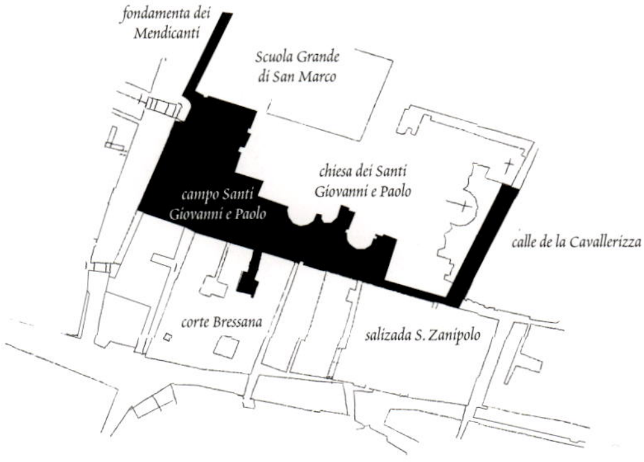

Die herrliche gotische Kirche (übrigens die größte in ganz Venedig) wurde ab 1246 im Auftrag des Dominikanerordens errichtet und 1430 den Heiligen Johannes und Paulus geweiht. Hier fanden zahlreiche Dogen und Helden der Serenissima die letzte Ruhestätte, darunter auch *Marcantonio Bragadin*, der 'Märtyrer von Famagosta', den die Türken 1571, d.h. kurz vor dem Sieg der Christen bei Lepanto, enthäuteten.
Seine Haut, im Zeughaus von Konstantinopel als makabre Trophäe ausgestopft zur Schau gestellt, wurde dann von dort entwendet und später in eine Urne gebettet, die am 18. Mai 1596 im rechten Seitenschiff ihren Platz fand. An der Rückwand des linken Kreuzgewölbes wird die Asche des *Sebastiano Venier* aufbewahrt, des Dogen, der Bragadins Haut loskaufte und die Türken bei Lepanto in der Schlacht besiegte, die das weitere Geschick Europas entscheiden sollte.
Venedigs Geschichte hat jedoch nicht nur verdiente Gestalten aufzuweisen, aber auch darunter gibt es einige, die verurteilt sind, umherzuirren wie…

I DER VERRÄTERISCHE, DER BLINDE, DER PROPHETISCHE DOGE

Genau hinter San Zanipolo, in dem Abschnitt der *Calle de la Cavallerizza*, der unter den großen Kirchenfenstern liegt, spielt sich jede Nacht ein ungewöhnliches Schauspiel ab. Die vagen Nachrichten, die diese Geschichte umgeben, besagen, dass sich der Doge *Marin Faliero* hier 1355 mit seiner Gruppe von aufsässigen Kaufleuten versammelt hatte, um seinen aberwitzigen Plan in die Tat umzusetzen: Er wollte die wirtschaftliche und soziale Krise der durch den Krieg mit Genua erschöpften Stadt ausnützen, die Regierung an sich reißen, um die bürokratischen Strukturen außer Kraft zu setzen und sich zum Alleinherrscher aufzuschwingen.
Der Staatsstreich wird einen Abend vorher entdeckt und löst einen brutalen Gegenschlag aus: Der Doge wird als letzter der Verräter auf der

Scala dei Giganti des Dogenpalastes hingerichtet, genau da, wo er acht Monate vorher in sein Amt eingesetzt worden war. Der vom Körper abgetrennte Kopf wird ihm bei der Grablegung zwischen die Beine gelegt, um auf ewig an die Schande zu erinnern, die er über die Republik gebracht hat. Der Körper von Faliero irrt noch immer umher: Die Hände hinter dem Rücken gefesselt, sucht er an den Orten, an denen die Verschwörung begann, nach seinem Kopf. Und obgleich der Körper kopflos ist, soll sein verzweifeltes Wimmern zu hören sein.
Um ihn in einem ewigen Kampf im Jenseits noch ärger zu strafen, verfolgt ihn ein anderer Doge, Enrico Dandolo. Achtzigjährig und blind hat er während des Vierten Kreuzzugs Konstantinopel erobert und dabei um des Ruhmes willen schreckliche Gräueltaten begangen – wir sind im Jahr 1204. Wo die Augen waren, hat er zwei glühende Kohlen und in den Händen hält er ein umgedrehtes Schwert, dessen Klinge ihm immerzu die Handflächen zerschneidet wegen all des unschuldigen Blutes, das er vergossen hat. Dandolo, der wilde, tonlose Schreie ausstößt, ist dazu verurteilt, auf der Suche nach Faliero umherzuirren, um die Ehre der Stadt zu retten und zugleich seinen Hochmut abzubüßen. Die zwei sind sich noch nicht begegnet, auch wenn sie der Jahrhunderte alten Überlieferung zufolge oft sehr nahe beieinander waren, ohne sich sehen zu können.
Noch ein Doge geht im Umfeld von San Giovanni e Paolo ruhelos umher, ohne sich um den verzweifelten Kampf zu kümmern, der dicht neben ihm stattfindet. Es handelt sich um Tommaso Mocenigo, den „prophetischen Dogen“, der 1423 auf seinem Totenbett Venedigs militärischen und wirtschaftlichen Niedergang voraussah, falls Francesco Foscari sein Nachfolger würde; seine letzten Worten waren: „Wenn ihr ihn – was Gott behüte – zum Dogen macht, wird er euch schnell in einen Krieg verwickeln; und dem, der 10000 Dukaten hat, werden nur 1000 bleiben; wer zehn Häuser hat, wird noch eines haben; und der, der zehn Kleider, Mäntel und Hemden besitzt, wird Mühe haben, auch nur ein

Gewand zu finden." Foscari wurde gewählt, und alles traf ein. Nun irrt der Doge, der nicht sprechen kann, umher und zieht sich immerzu einen langen Papierstreifen aus dem Mund, auf dem nur das Wort „veritas" steht. Blau angelaufen, tränenüberströmt und dem Ersticken nahe, fällt Mocenigo ständig, weil er über das Papierband stolpert, das sich um seine Beine schlingt. Während es ratsam ist, den ersten beiden aus dem Weg zu gehen, lässt sich Mocenigo gern helfen, wenn er versucht, seine Beine freizumachen, aber mehr auch nicht. Sein trübseliger Blick wird sich kurz dankbar erhellen, aber dann steht er wieder auf und geht seines Weges.

Gehen Sie jetzt auf die Fassade der Kirche zu. Genau in der Mitte des Campo befindet sich auf der linken Seite die *Corte Bressana*. Gehen Sie nur hinein, aber achtsam, denn Sie stoßen vielleicht auf…

2 DAS GERIPPE DES GLÖCKNERS

Die Legende, die übrigens nicht sehr alt ist, berichtet, dass hier in der Mitte des 19. Jhs. einer der letzten Glöckner von San Marco gewohnt habe. Der Mann, dessen Name nicht überliefert ist, war über zwei Meter groß und hatte riesige Hände. Eines Tages bemerkte ihn der Direktor eines wissenschaftlichen Instituts der Stadt beim Verlassen der Sonntagsmesse und sein erster Gedanke war, dass das Skelett dieses Hünen das Glanzstück in der Sammlung des Instituts abgeben würde. Nach vielem Drängen ließ sich der Glöckner von dem Professor überreden und unterschrieb schließlich eine Erklärung, in der er sich verpflichtete, sein Skelett gegen eine beachtliche Summe dem Institut zu überlassen. Der Mann fand das Angebot merkwürdig, sagte sich dann aber: „Warum soll ich nicht meine armen Knochen verkaufen? Ich bin schon alt, aber der Professor ist noch viel älter als ich. Der wird vor mir sterben und selbst wenn ich nur zwei, drei Jahre später ins Gras beiße, wird diese Abmachung sicher vergessen sein". Der Professor zahlte also die Summe aus und fügte scherzhaft hinzu: „Nach deinem Tod werde ich dein Skelett in einen großen Glaskasten legen und ihm eine Glocke in die Hand geben. Du wirst dann auf die Sammlung aufpassen!" Der Glöckner war zutiefst überzeugt, dass das nie eintreten würde, und ging mit dem Geld sofort in die nächste Osteria. Da er gerne ein Gläschen hob und es sich nun auch leisten konnte, saß er von da an jeden Tag im Wirtshaus. Er hatte das Geld noch nicht aufgebraucht, als ihn am Kneipentisch der Schlag traf. So landete das Skelett tatsächlich bei dem Professor, der es wie vereinbart in die Vitrine des Instituts legte – und natürlich mit der Glocke in der Hand.

Heute befindet sich das Skelett als Leihgabe im Museum für die Geschichte der Naturwissenschaften in der ehemaligen Handelsniederlassung der Türken, dem *Fondaco dei Turchi*, wo es sich kurz vor Mitternacht von seinem Platz erhebt, um auf den Glockenturm von San Marco zu steigen und die *Marangona*, die größte Glocke, zwölf mal anzuschlagen. Dann wankt es durch die Gassen zu seiner alten Behausung, klingelt an den Türen und bittet die Passanten um Geld, um sich wieder zurückkaufen zu können.

Gehen Sie nun ganz über den *Campo dei Santi Giovanni e Paolo* (in Venedig gibt es nur eine einzige ‚Piazza', und das ist die Piazza San Marco!), bis Sie vor dem Portal der Kirche stehen und damit neben der herrlichen Fassade der **Scuola di San Marco** (eine der sechs alten **Scuole Grandi** der Stadt), wo heute das Städtische Krankenhaus untergebracht ist. Das 1260 zu religiösen und humanitären Zwecken errichtete Gebäude wurde 1485 durch Brandstiftung fast ganz zerstört.
Den Wiederaufbau schloss der Architekt *Mauro Codussi* aus Bergamo im Jahr 1495 ab. Nach dem Anbau des rückwärtigen Traktes zwischen 1533 (das Datum steht auf dem letzten Kapitell auf der Kanalseite) und 1546 nach Plänen von *Jacopo Sansovino* hat der Komplex bis heute sein ursprüngliches Gesicht bewahrt. Und genau hier vor diesem Portal haben sich die Lebenswege zweier Menschen gekreuzt, nämlich die…

3 VOM BETTLER UND VOM LEVANTINER

Cesco Pizzigani war einer der fähigsten Steinmetze im damaligen Venedig. Er war wesentlich an der Gestaltung der Fassade der Scuola Grande mitbeteiligt und schuf einige der schönsten perspektivischen Spielereien, die sie schon damals in ganz Europa berühmt machten. Wenige Jahre später, im Jahr 1501, wurde Fiorinda, die junge Frau des Künstlers, plötzlich schwer krank. Cesco ließ nichts unversucht, um ihr Leben zu retten, und verkaufte schließlich sogar seine Werkstatt, aber keine Medizin half und alles erwies sich als vergeblich. Nach dem Tod seiner geliebten Frau war er finanziell und psychisch am Ende und landete schließlich als Bettler vor dem Portal der Scuola, an deren Errichtung er entscheidend mitgewirkt hatte. In diesen Jahren übte er sich aber hin und wieder heimlich in seiner früheren Tätigkeit und ritzte mit der Spitze eines Nagels in die Mauerflächen seitlich des Portals das Profil der Schiffe ein, die tagtäglich an der breiten Treppe zum Campo beladen und entladen wurden. In der Nähe wohnte damals eine Frau, die einen Sohn von einem Levantiner hatte. Es handelte sich um einen Juden, der türkischer Untertan war und als internationaler Kaufmann die den Ausländern zugestandenen Privilegien genoss. Wie viele seines Standes wohnte er auf der Insel Giudecca. Der Sohn, der beim Vater wohnte und türkisch gekleidet war, kam oft zu seiner Mutter, wurde aber häufig gewalttätig, da er darunter litt, dass er – halb Venezianer und halb Levantiner – auf keiner Seite richtig dazugehörte. Die Frau, die unverheiratet war und allein lebte, ertrug geduldig die Wutausbrüche ihres Sohnes, weil sie ihn über alles liebte. Eines Abends überschlugen sich jedoch die Ereignisse – in einem Anfall von Raserei erstach der Sohn seine Mutter und riss ihr das Herz aus der Brust. Als er wieder zu sich kam, warf er das Messer von sich und lief mit dem Herzen in der Hand auf die Brücke gegenüber der Scuola zu. Auf der ersten Stufe stolperte er jedoch und fiel hin; dabei entglitt ihm das Herz, das auf dem Boden weiterrollte, bis es liegen blieb und eine Stimme sagte: "Mein Sohn, hast du dich verletzt?" Der Sohn rannte wie von Sinnen bis an den Rand der Lagune gegenüber der Friedhofsinsel, warf sich in die Fluten und ertrank. Noch immer ist in der Stille des Campo sein Klagen zu vernehmen, wenn er das Herz seiner Mutter sucht, um in kalten Winternächten etwas menschliche Wärme und Liebe zu empfangen. Und Cesco, der wie jede Nacht unter dem Portalbogen schlief? Er beschloss, die Szene zu verewigen, indem er sie in den Marmor einmeißelte. Noch heute kann man am Portal neben den Umrissen der Schiffe eine Figur mit einem Turban erkennen, die in einer Hand ein Herz hält – das einer Mutter.

LIBRERIA DEL CAMPO SAS
DI A.TRISTANO E C.
DORSODURO 2943
CAMPO S.MARGHERITA - VENEZIA
PARTITA IVA 03984410260

	EURO
LIBRI	16,00

- - - - - - - - - - - - - - - - - -

TOTALE	€ 16,00
CONTANTI	16,00
RESTO	0,00

SCONTRINO FISCALE 000007
SABATO 28-03-2015 12:18
MF PG 91000037
ARRIV. E GRAZIE

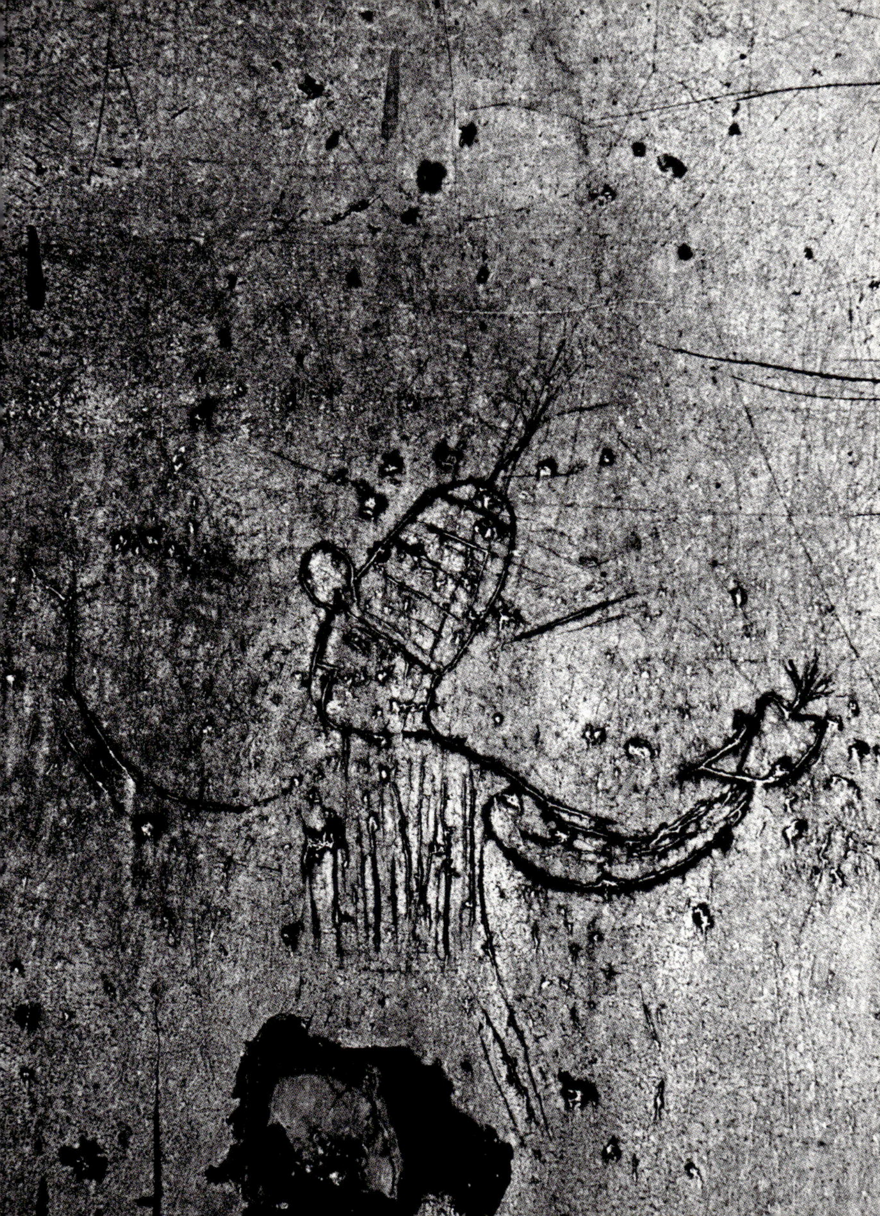

Vom Portal aus gehen wir nun um die Ecke zur *Fondamenta dei Mendicanti*, dann über die kleine Brücke weiter, bis Sie bei den *Fondamente Nove* an die Lagune kommen; von dem *Ponte dei Mendicanti* aus sehen Sie die "Toteninsel", den **Friedhof von Venedig**, auf dem neben den Venezianern auch viele berühmte Ausländer liegen, die hier begraben sein wollten, wie etwa die Komponisten *Igor Strawinsky* und *Carl Filtsch*, der Dichter *Ezra Loomis Pound* und der Schriftsteller *Iosif Brodskij*.

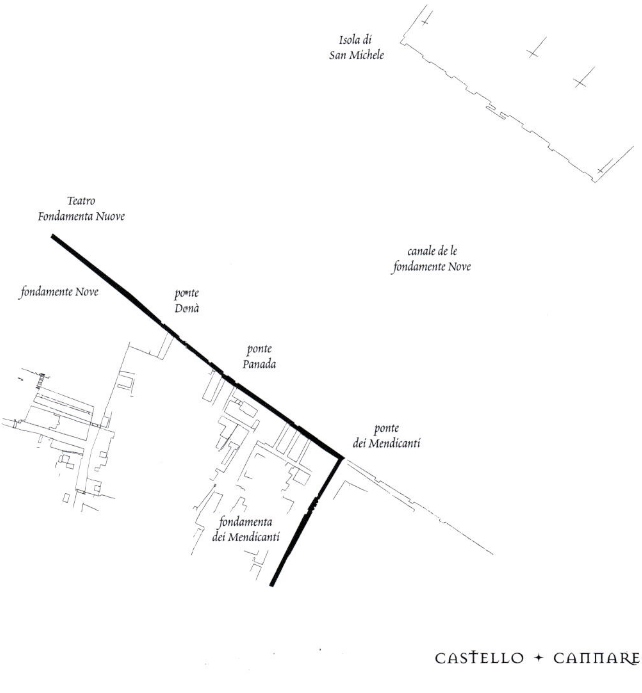

Hier steht die **Kirche San Michele in Isola**. Der Bau, den *Codussi* 1469 begann, ist das erste und wohl eines der schönsten Beispiele von sakraler Renaissancearchitektur in Venedig, aufgrund der klaren Linien des weißen istrischen Marmors, der harmonischen Proportionen und des ausgewogenen Gebrauchs von dekorativen Elementen. Anscheinend stand hier schon seit dem 10. Jh. eine kleine, dem *Erzengel Michael geweihte Kirche*, in der *San Romualdo* gelebt haben soll. Er war mit dem Dogen *Pietro Orseolo I.* befreundet und gründete 1012 den Kamaldulenserorden, dem dann 1212 Kirche und Kloster geschenkt wurden.

In den dreißig Jahren nach der Aufhebung des Ordens wurden die Mönchszellen des Klosters (das erst wieder ab 1829 Ordensbrüder beherbergte) zu Gefängniszellen umfunktioniert. Hier waren 1822 die Patrioten *Silvio Pellico* und *Pietro Maroncelli* wegen antiösterreichischer Umtriebe und Rebellion inhaftiert, bevor sie nach *Spielberg* verlegt wurden, dem berüchtigten österreichischen Gefängnis in Südmähren bei der Stadt Brünn. Noch früher wohnte hier *Fra Mauro Cappellari*, der spätere Papst *Gregor XVI.* (1831-46). Und lange davor ein weiterer Bruder Mauro, nämlich jener *Kosmograph Fra Mauro*, der seinen Ruhm dem großartigen **Globus** verdankt, der als Meisterwerk der

Die Anlage des **Friedhofs von San Michele** wurde durch einen Erlass Napoleons angeordnet, der festsetzte, dass in Venedig wie im übrigen Kaiserreich die Bestattung der Toten aus hygienischen Gründen fern von den Siedlungsgebieten stattfinden sollte. 1807 wurde die **Insel San Cristoforo della Pace** dafür bestimmt (sie verdankt ihren Namen dem Umstand, dass sie dem Theologen Fra Simone da Camerino zum Geschenk gemacht wurde, als er 1454 einen Frieden zwischen Venedig und Mailand zustande brachte). Dann wurde 1837 durch Auffüllen des Kanals dazwischen die nahe **Insel San Michele** miteinbezogen (die vorher Cavana de Muran hieß, da sie auf der Fahrt nach Murano Schutz gewährte). Der Architekt Antonio Selva wurde mit der Bebauung des Friedhofs betraut, aber die Bauarbeiten kamen oft aus Geldnot zum Stocken und wurden erst 1870 abgeschlossen.

spätmittelalterlichen Kartographie betrachtet wird und heute in der **Biblioteca Marciana** aufbewahrt ist. Über ihn wird seit Jahrhunderten eine hübsche Anekdote erzählt.

Während der Bruder an seiner Weltkugel arbeitete, besuchten ihn eines Tages einige Patrizier und ein Senator. Sie stellten alle möglichen Fragen, bis der Senator aus der Haut fuhr: "Cossa xela 'sta carta, sto disegno, i par scaraboci!" (Was soll das Papier hier und die Zeichnung – das sieht ja aus wie Gekritzel). Ruhig erklärte Fra Mauro, dass es sich um die Kontinente und die Länder der Erde handle, mit Bergen, Flüssen, Meeren und allen Städten.
"Wie groß die Welt doch ist", meinte der Senator und wollte wissen, wo denn Venedig sei. "Dieser kleine Punkt hier – das ist Venedig", antwortete Fra Mauro und zeigte auf einen Punkt auf der Karte.
Der Adlige sah den Bruder an und sagte aufgebracht: "Macht gefälligst die Welt kleiner und Venedig größer" – und rauschte mit seinem Gefolge ab. Genau über diesen Bruder geht die Geschichte...

4 VOM KOSMOGRAPHEN, DER LUZIFERS TRÄUME RAUBTE

Bekanntlich leitete Bruder Mauro, der 1459 in hohem Alter starb, im Kloster San Michele in Isola eine Art kartographische Werkstatt, in der tüchtige Gehilfen mitarbeiteten.
Hier entstanden außer dem herrlichen Globus auch eine topographische Karte, die der portugiesische König Alfons V. in Auftrag gegeben hatte, und ein weiteres Meisterwerk, das heute in der Bibliothek des Vatikans aufbewahrt wird. Wie der Mönch jedoch seine Karten ausarbeiten konnte, ohne je selbst eine Reise unternommen zu haben, ist bis heute

noch ein Rätsel. Die Chronisten berichten, er habe sie nach den Angaben gezeichnet, die ihm venezianische Reisende zukommen ließen; der volkstümlichen Überlieferung zufolge hat er dabei aber Träume verwendet, und zwar nicht etwa seine eigenen, sondern die des Teufels.
Bruder Mauro hatte nämlich die außergewöhnliche Fähigkeit, Luzifers Träume auf die Insel zu lenken und sie dann, wenn der Himmel stark bewölkt war, auf die Wolken zu projizieren.
Wie man ja weiß, ist dem Teufel im Laufe der Geschichte oft die Kontrolle über das von ihm Geschaffene entglitten. Und genauso war es mit seinen Träumen, die im Mittelalter oft über das nächtliche Firmament rasten, den Menschen Schrecken einjagten und den Scharen von Hexen, Gespenstern und Larven den Weg zum Hexensabbat wiesen. Fra Mauro hatte entdeckt, wie man sie einfangen konnte, um so die Umrisse von damals unbekannten Welten zu erkennen. Die Farben, die Tiefenwirkung, die Genauigkeit der Konturen verblüffen noch heute. Und dabei handelt es sich um nichts anderes als um den Strudel von Bildern der damaligen Welt aus Luzifers Träumen, deren Umrisse und kräftige Farbtöne Fra Mauro an den Gewitterwolken ablas, um sie dann auf dem Papier zu fixieren.

Heute kann man diese Visionen gelegentlich in Sommernächten bei starken Windböen in der Ferne über dem Friedhof schweben sehen.
Was die Wasseroberfläche vor der linken Insel betrifft – achten Sie an nebligen Novembertagen und -nächten auf die Lichter, die verschwommen vor uns auftauchen. Was da vor unsern Augen auf dem Wasser treibt, das könnten die brennenden Kerzen sein auf dem Sarg…

5 VON DEM KLEINEN MÄDCHEN, DAS NIE BEERDIGT WURDE

Alles geschah bei dichtem Nebel am Abend des 29. November 1904: Der Kapitän vom Vaporetto "Pellestrina" Francesco Quintavalle, der bei Einbruch der Dämmerung von den Fondamente Nove nach Burano fahren sollte, beschloss trotz der verheerenden Sichtverhältnisse loszufahren, weil die Arsenalarbeiter aus Burano nach dem langen Arbeitstag noch unbedingt nach Hause kommen wollten. Zwei Gondelieri, Antonio Rosso, genannt "Frana" und Andeto Camozzo, ließen ihm einen Vorsprung von zehn Minuten und ruderten dann hinter ihm her, um einige Leute aus Murano auf die Insel zurückzubringen. Quintavalle soll kurz hinter dem Friedhof beschlossen haben, umzukehren, und ordnete an, langsam zurückzufahren. Die Gondeln, die unmittelbar hinter ihm waren, bemerkte er erst, als es schon zu spät war. Das Boot von Rosso wird in der Mitte durchgetrennt und geht mitsamt den Passagieren unter. Vier Personen werden an Bord des Vaporetto gehievt, aber die übrigen fünf – lauter Frauen – gehen in wenigen Sekunden unter. Trotz des undurchdringlichen Nebels beginnen die Suchaktionen sofort und dauern die ganze Nacht hindurch. Ein paar Stunden nach dem Unfall wird Maria Toso Bullo vom Vaporetto Nummer 6 aus gesichtet – sie hatte sich an eine Holzbake geklammert. Sofort wird sie nach Murano gebracht, wo sie nach wenigen Minuten stirbt. Lia Toso Borella und Amalia Padovan Vistosi werden am nächsten Morgen tot aus dem Heck der Gondel geborgen. Teresa Sandon und Giuseppina Gabriel Carmelo, die noch ein Kind war, sind jedoch spurlos im Wasser verschwunden. Im September 1905, also zehn Monate nach der Katastrophe, erscheint Teresa Sandon einer ihrer Schwestern im Traum und sagt: "Bete für mich und für meine Seele, denn mein Körper ist noch gefangen, aber wenn du betest, wird er von den Fesseln befreit, die ihn auf dem Grund des Kanals festhalten, und ich kann in geweihter Erde ruhen". Etwa zehn Tage nach diesem Traum sehen zwei Fischer bei Le Vignole im Canale della Bissa einen übel zugerichteten

Körper auftauchen. Am Medaillon, das die Tote am Hals trägt, erkennt man sie – es ist Teresa Sandon. Die kleine Giuseppina Gabriel Carmelo wurde nie gefunden: Ihr Körper ruht auf dem Lagunengrund, aber ihre Seele hat Frieden in dem auf dem Wasser dahin treibenden Sarg gefunden, den man in Nebelnächten sieht, wenn die Kerzen leuchten, damit die Fährmänner nicht dagegen fahren.

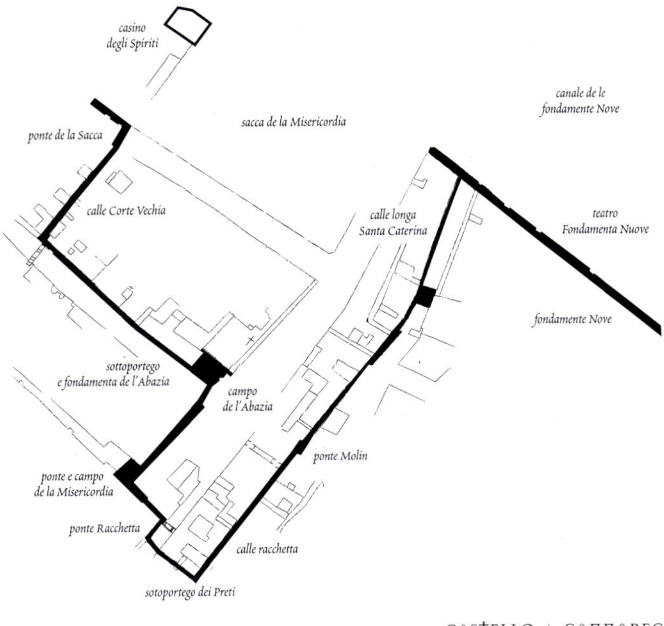

Lassen Sie den Friedhof rechts liegen und gehen Sie über zwei Brücken, den *Ponte Panada* und den *Ponte Donà*, bis zum Ende der **Fondamente Nove**. Diese Gegend, in der heute das gleichnamige **Theater** liegt, war nach dem Zweiten Weltkrieg Schauplatz von dunklen Machenschaften und Bluttaten. Ältere Venezianer erinnern sich noch an die Geschichte…

6 VON DEN TINTENFISCHEN MIT DEN FRAUENAUGEN

Der offiziellen Berichterstattung (aber auch den Gerüchten) zufolge hat Linda Cimetta, eine hübsche kleine Frau, die mit ihrem Mann eine Bar in Belluno betrieb, im April 1947 hier bei einer Freundin übernachtet, um sich mit geschmuggelten Zigaretten zu versorgen.
Die Frau, die wegen ihrer Geschäfte oft nach Venedig kam, war ehrlich gesagt nicht sonderlich beliebt; durch die Kriegswirren und negative persönliche Erlebnisse verbittert, zeigte sie selten Herzlichkeit und schon gar kein Mitgefühl. Tatsache ist, dass sie damals plötzlich verschwand. Es wurde alles Mögliche gemunkelt: Sie sei mit einem US-Soldaten durchgebrannt, sie habe den Coup ihres Lebens gestartet und sei dann wohl in eine Stadt gezogen, wo niemand sie kennt … Es fand sich sogar jemand, der schwor, dass er gesehen habe, wie sie ins Kloster eingetreten und Nonne geworden sei. Die Polizei kam jedoch schnell zu dem Schluss, dass Linda Cimetta ermordet worden war und konnte die Mordverdächtigen auch in wenigen Stunden festnehmen; es waren Bartolomeo Toma, der das Verbrechen geplant, und Luigi Sardi, der es ausgeführt hatte. Linda Cimetta, die man möglicherweise mit dem Versprechen auf eine gute Partie Zigaretten in eine Falle gelockt hatte, um sie zu bestehlen, war mit einem Beil erschlagen worden. Ihre Leiche, an der Muskeln und Sehnen durchgesägt waren, wurde in einen großen Koffer gepackt. Sardi, ein Gondoliere, beteuerte immer wieder seine Unschuld und sagte, er habe

zwar mit Toma den Koffer in der Lagune versenkt, aber in der Annahme, es handle sich um Diebesgut. Mehrere Tage wurde erfolglos nach dem Koffer gesucht, aber bald geriet das Verbrechen wieder durch Hunger und sonstige Nachkriegsprobleme in Vergessenheit. Nach kurzer Zeit holten aber einige Jungen, die sich am Ende der Fondamenta im Wasser tummelten, einen großen verschlossenen Koffer herauf, der voller Tintenfische und Krebse war. Nach dem ersten Erstaunen stürzten sich die Jungen auf ihren Fang, um recht viel davon nach Hause zu bringen – der Hunger war damals weit mächtiger als der Verstand.
Auf dem Boden des Koffers kam bald ein Frauenkörper zum Vorschein – die Reste von Linda Cimetta. Man weiß nicht, ob alle ihren Beutefang zurückgebracht haben, aber auf alle Fälle wurde das meiste ins Meer zurückgeworfen. Seitdem vermeiden die alten Fischer es, Tintenfische an diesem Uferstück zu angeln, weil die einen ihrer Meinung nach wie eine Frau ansehen. Wenn abends ein starker Wind weht, kann man außer dem Meeresrauschen noch einen zarten Klagelaut vernehmen. Linda Cimettas Härte ist verschwunden, sie bedauert nur, dass ihr Leben und Schönheit um des Mammons willen geraubt wurden. Ihren Mördern erging es nicht besser: Bei einem Fluchtversuch aus dem Gefängnis von Ventotene ging Bartolomeo Toma mit seinem Boot in einer Sturmnacht im Tyrennischen Meer unter – seine Leiche wurde nie gefunden. Luigi Sardi starb 1983. Nach seiner Entlassung aus der psychiatrischen Haftanstalt in den siebziger Jahren hatte er Süßigkeiten auf der Straße verkauft. Im Winter 1980 erschlug er ohne ersichtlichen Grund einen Polizisten mit einem Rohr. Bei seiner Verhaftung wiederholte er immer nur die Worte: „Ich war unschuldig“.

Seit damals ist in Venedig noch einmal ein zerstückelter Frauenkörper im Wasser gefunden worden. Vor nicht allzu langer Zeit, in den achtziger Jahren, wurde eine Unbekannte in einem Koffer aus dem Wasser gefischt. Auch diesmal gab es für den Mörder kein Entrinnen. Der Zettel einer Reinigung in einer Tasche überführte ihn eindeutig. Weder die Frau noch der Mann waren aus Venedig. Er hatte sie auf dem Festland umgebracht und dann bei Sant'Elena in die Lagune geworfen.

Und es gab noch einen ähnlichen Fall im 18. Jh. Nicola Faragone aus Apulien ermordete zwei neapolitanische Prostituierte, Fortunata und Leonora, Mutter und Tochter, zerstückelte sie und warf sie in einem Koffer in den Canale della Giudecca. An dem Koffer hatte er einen schweren Stein mit einem Seil befestigt, das offenbar zu lang war, denn es trieb im Wasser, so dass ein Boot darin hängen blieb. Der Mann wurde entdeckt und am 12. September 1729 enthauptet und gevierteilt; so erbarmungslos wie er die beiden Frauen niedergemetzelt hatte, wird er selbst am Ende überall in der Stadt an den Pranger gestellt.

Genau da, wo die nicht enden wollenden *Fondamente Nove* aufhören und man auf die kleine *Bucht der Misericordia* stößt, können Sie auf der anderen Seite in der Ferne das **Casino der Gespenster** sehen, wie es seit Jahrhunderten bei Bootsleuten und Fischern heißt.
Das Gebäude, das zu dem **Palastkomplex Contarini dal Zaffo** gehört, wurde im 16. Jh. von der Adelsfamilie für galante Abenteuer und literarische Zusammenkünfte errichtet. Mit den Jahren wurde es aber aufgegeben und bekam dann den gruseligen Namen, der nicht auf eine bestimmte Geschichte zurückgeht, sondern nur allgemein den Ort als nächtlichen Treffpunkt für ruhelose Geister kennzeichnete.

Biegen Sie nun in die *Calle longa Santa Caterina* ein und gehen Sie bis zur Brücke Ponte Molin, die Sie überqueren; gehen weiter in der *Calle Racchetta*, bis Sie rechts auf den kleinen, düsteren *Sotoportego dei Preti* stoßen, durch den Sie direkt zum Ponte de la Racchetta kommen. Danach biegen Sie rechts ab zur *Fondamenta San Felice*, nicht ohne einen Blick auf die ungewöhnliche Brücke zu werfen – sie ist die letzte der einst so zahlreichen Brücken ohne Geländer.

Nun gehen Sie links ab in die nächste *Calle* und dann über die *Brücke de la Misericordia*: so landen Sie auf dem gleichnamigen Campo, auf dem die unvollendete riesige **Scuola di Santa Maria Valverde**, die sogenannte **Scuola nuova della Misericordia**, steht, eine weitere der sechs Scuole Grandi von Venedig. Das Innere des mächtigen Baus, der 1532 nach einem Entwurf von *Jacopo Sansovino* entstand, wurde nach über fünfzig Jahren in aller Eile fertig gestellt, damit ihn der Doge *Nicolò Da Ponte* mit den Würdenträgern der Serenissima in Pomp einweihen konnte.

Der Straßenname 'Racchetta' kommt daher, dass in dieser Gegend früher ein Spiel gespielt wurde, nämlich das "Racketspiel", eine Vorform des heutigen Tennis. Unter den zahlreichen illustren Persönlichkeiten, die diesem Vergnügen frönten, waren keine geringeren als Karl VI. und Karl VII., bevor sie Kaiser wurden, und die Könige von Polen und Dänemark.

Gehen Sie nun die Fondamenta entlang der Kirche hinunter, über den *Ponte de l'Abazia* bis auf den Campo de l'Abazia. Der stille Vorplatz bietet den herrlichen Anblick der **Kirche der Abtei der Misericordia**, die aus dem 10. Jh. stammt und nach der Insel, auf der sie errichtet wurde, auch *Santa Maria Valverde* (Hl. Muttergottes in grünen Tal) heißt. Neben der Kirche steht die **Alte Scuola della Misericordia**, in der die gleichnamige 1303 gegründete Bruderschaft in der ersten Hälfte des 15. Jhs. ihren Sitz hatte, bis sie dann ein Jahrhundert später in das nah gelegene, imposantere neue Gebäude umzog. Das ist die Gegend…

7 VON DEM ALTEN WUCHERER

Achten Sie nicht auf das krumme alte Männlein, das manchmal nachts mit einem riesigen Sack auf dem Rücken über den Campo de l'Abbazia wankt und so manche mitfühlende Seele um Hilfe anfleht. Wenn Sie sich ihm aus Mitleid nähern sollten, dann würde er sich vor Ihren Augen in ein brennendes Gerippe verwandeln. Das ist der Geist des Bartolomio Zenni, eines alten Wucherers, der so geizig war, dass er sich in der Nacht des 13. Mai 1437 während eines Brandes weigerte, den Nachbarn bei der Errettung ihrer Kinder zu helfen, weil er lieber einen Sack mit seinem Hab und Gut vor dem Feuer in Sicherheit bringen wollte. Er zerrte ihn bis zum Kanal – und verschwand im Wasser. Einige Nächte später tauchte er wieder auf, immer noch mit dem großen Sack auf dem Buckel. Er atmete schwer und bat alle um Hilfe. Diejenigen, die ihn kannten, gingen ihm aus dem Weg, und wenn sich doch jemand erweichen ließ, nahm er schleunigst Reißaus, wenn ihn das brennende Gerippe anflehte. Die Seele von Bartolomio soll angeblich erst dann erlöst werden, wenn ihm jemand hilft, den Sack vom Campo de l'Abazia zur nahen Kirche Santa Fosca zu schleppen. Aber wenn man sieht, wie das Fleisch des Wucherers bis auf die Knochen herunterbrennt, packt einen wirklich das Grauen.

Gehen Sie vom Campo aus durch den *Sotoportego de l'Abazia* und dann die *Fondamenta de l'Abazia* entlang, bis Sie rechts in die *Calle de la Corte Vechia* einbiegen, an deren Ende Sie dann auf den *Ponte de la Sacca* stoßen. Damit befinden Sie sich nun auf der anderen Seite der *Bucht der Misericordia*, genau gegenüber der Fassade des **Palazzo Contarini dal Zaffo**.

Gehen Sie jetzt die *Fondamenta Gasparo Contarini* hinunter und in nicht mal einer Minute stehen Sie vor der **Chiesa della Madonna dell'Orto**. Die Kirche war etwa in der Mitte des 14. Jhs. von *Fra Tiberio da Parma*, dem General der Bruderschaft der *Umiliati*, errichtet worden. Wegen Einsturzgefahr begann man Anfang des 15. Jhs. mit dem Wiederaufbau. Sie ist ein Paradebeispiel für venezianische Sakralarchitektur der Gotik. Bei genauem Hinsehen sind in den Nischen an der Fassade die Statuen der Apostel zu sehen. Es handelt sich um Arbeiten aus einer Steinmetzwerkstatt des 14. Jhs., die der Brüder *Jacobello* und *Pietro Paolo Delle Masegne*, die mit Jacobellos Sohn *Paolo* auch nachweislich am Palazzo Ducale, an der Frari-Kirche und der Basilica von San Marco tätig waren. Auf den jungen *Paolo Delle Masegne* geht eine Legende zurück, die…

Die ursprünglich dem Hl. Christophorus geweihte Kirche aus dem 14. Jh. wurde in Madonna dell'Orto (die "Muttergottes vom Garten") umgetauft, als hier eine alte, in einem Gemüsegarten der Umgebung aufgetauchte Marien-Statue, die als wundertätig galt, aufgestellt wurde. Hier ruht auch die Asche von Tintoretto, die seines Sohnes Domenico und die von Marietta, einer seiner vier Töchter.

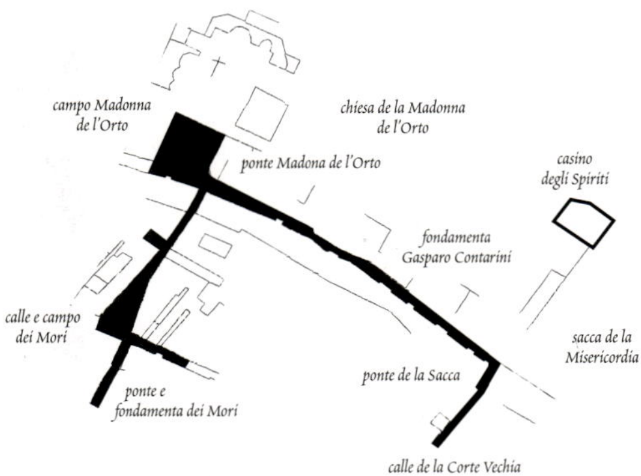

8 DIE STATUE DES VERFLUCHTEN APOSTELS

Von Abbildungen des Abendmahls abgesehen erscheint Judas selten auf Darstellungen der zwölf Apostel. In der Regel wurde an seiner Stelle eher der Hl. Matthias gezeigt, also der Jünger, der nach dem Willen Gottes den Platz von Judas Ischariot unter den Jüngern einnahm. Aber in der 2. Hälfte des 14. Jhs. gab es in Europa Schismen und von der offiziellen Kirche abweichende Glaubenslehren, ja es gab sogar Bewegungen, die Satanas anbeteten. Und der junge Paolo Delle Masegne gehörte einer solchen Sekte von Teufelsanbetern an, ohne dass Vater und Onkel etwas davon wussten. Das Böse war so tief in ihm verwurzelt, dass Beelzebub sich seine Fähigkeiten als Bildhauer zunutze machte und ihn dazu auserkor, sein irdisches Reich gegen die weltliche und geistige Macht der Kirche aufzubauen. Der dem Hl. Christophorus geweihte Bau sollte alle Energien des Bösen anziehen und ein Versammlungsort für Teufel und böse Geister werden. Deshalb war dem jungen Steinmetz einer der dreißig Silberlinge übergeben worden, für die Judas (dessen Blut noch an der Münze klebte) seinen Meister durch den Kuss verraten und dem Tode geweiht hatte. Paolo Delle Masegne steckte das Geldstück hinter dem Rücken von Jacobello und Pietro Paolo in eine der zwölf Apostelstatuen, der er die Züge von Judas verliehen hatte. Um Luzifers Plan zu vervollständigen, fehlte nur noch die feierliche Zeremonie der Weihe, die dann im Laufe der Karwoche des Jahres 1366 stattfand.

In jenen Tagen wurden, wie das damals üblich war, unter reger Anteilnahme der Bevölkerung Szenen aus der Bibel vor Kirchen, auf Plätzen und in den Straßen von Personen nachgespielt. Am Karfreitag waren auch die Delle Masegne bei einem solchen Passionsspiel bei der Madonna dell'Orto anwesend; außerdem war da die kleine Isabella aus der Adelsfamilie der Contarin, die bei der Aufführung eine der „frommen Frauen" darstellte. Die Zwölfjährige war in der ganzen Stadt bekannt, weil sie auf wunderbare

Weise von einer schweren Typhuserkrankung genesen war: Nach fast zwei Wochen hohem Fieber und tiefer Bewusstlosigkeit stand sie vollkommen gesundet von ihrem Lager auf und hatte noch dazu die Fähigkeit erlangt, mit dem Jenseits in Verbindung treten und die Zukunft der Menschen an ihrer Aura abzulesen. Wegen dieser Begabung genoss das Mädchen beim Volk ein Ansehen wie eine Art Heilige.

Mitten in der Vorstellung ging die Kleine plötzlich schreiend auf Paolo Delle Masegne zu: "Du schreckst also nicht einmal mehr vor gottgeweihten Orten zurück, Satanas? Wisse, dass du nichts vermagst gegen Gottes Gerechtigkeit und den Glauben seines Volkes."

Allgemeines Entsetzen machte sich breit. Als Paolo Delle Masegne erkannte, dass er verloren war, stürzte er sich auf die kleine Seherin, aber bevor er sie auch nur anrühren konnte, wurde das Schlimmste verhindert durch die Geistesgegenwart des jungen Diakons, der den Kessel mit Weihwasser trug: Blitzschnell bespritzte er den Angreifer damit, woraufhin der zu Boden fiel.

Plötzlich verdüsterte sich der Himmel, starker Wind kam auf und der Teufel fuhr aus dem Menschenkörper. Sein verbrecherisches Vorhaben war zunichte gemacht und die Gefahr gebannt. Der junge Steinmetz erhob sich benommen und erinnerte sich nicht mehr an das Vorgefallene.

Was die Statue angeht, die blieb an ihrem Platz, aber seit damals fliegt sie an jedem Karfreitag in Richtung Jerusalem, weil *Akeldamà* (der Blutacker, den Judas erworben hatte) die Anwesenheit des schnöden Mammons verlangt, mit dem der Kauf finanziert wurde. Zu ihr gesellen sich auch die Statue der Gerechtigkeit und die des Glaubens, die auf dem Dach über den Apostelfiguren stehen.

Gehen Sie ein paar Schritte zurück auf die *Brücke der Kirche Madonna de l'Orto*. Vor Ihnen liegt nun die Gasse und der *Campo dei Mori*. Falls Sie es nicht schon vorhin auf dem Weg zur Kirche bemerkt haben, sehen Sie sich auf der Fassade eines Palastes zu Ihrer Linken ein großes **Flachrelief** an, auf dem ein Kaufmann, der ein Kamel führt, dargestellt ist. Das ist **Palazzo Mastelli**, der „*Kamel-Palast*", der Jahrhunderte lang der Familie *Mastelli* gehörte; sie ging auf vier griechische Brüder zurück, die im Jahr 1112 vom Peloponnes nach Venedig gekommen waren.
Einigen Chroniken zufolge war hier die **Handelsniederlassung der Araber**, aber präzisere Quellen sehen im Haus der Familie Mastelli, in dem reiche, illustre Kaufleute ein- und ausgingen, eines der Zentren der Handelsbeziehungen zwischen Venedig und dem Orient.
Eine merkwürdige Anekdote berichtet, dass im Jahr 1757, als der Palazzo dem Notar Pietro Prezzato gehörte, an mehreren Abenden zur gleichen Stunde alle Klingeln in den fünf Zimmern zu hören waren. Das löste Angst, Ohnmachtsanfälle bei den Damen und "Aderlässe" aus. Schließlich ließ man das Haus durch den Pfarrer segnen; als das auch nichts half, wurde ein Exorzist bemüht, der in einer feierlichen Zeremonie die angeblich vorhandenen bösen Geister vertreiben sollte. Noch heute sind manchmal Stimmen und Musik aus dem Palastinnern zu hören: Das sind die Kaufleute, die sich wie zu Lebzeiten nach den langen Irrfahrten treffen, um den guten Ausgang ihrer Reise zu feiern. Und was die Statue des Kaufmanns mit dem Kamel auf der Kanalseite angeht – sie soll am Dreikönigstag um Mitternacht verschwinden und erst am folgenden Morgen wieder da sein. Aber diese Plastik und die an der Kirche sind nicht die einzigen in dieser Gegend. Etwas weiter, auf dem Campo dei Mori, sind drei **Statuen der Brüder Mastelli** zu sehen, die von *Rioba*, *Sandi* e *Afani*, während die vierte um die Ecke steht, auf der *Fondamenta dei Mori*. Die an der Ecke heißt allgemein ‚**Sior Antonio Rioba**' (der Name steht auf dem Bündel, das die Figur auf der Schulter trägt); das ist der berühmte ‚*Pasquino di Venezia*',

eine allegorische Figur, unter deren Namen im 19. Jh. lange in der Stadt heftige Diatriben und Schmähschriften zirkulierten (es existierte sogar eine satirische Zeitschrift, die so hieß). Aber die hier sichtbaren Steinstatuen sind nach dem Volksglauben in Wirklichkeit nur das, was von den Kaufleuten übrig blieb, als sie wegen ihrer Überheblichkeit und Unehrlichkeit versteinert wurden, wie die folgende Geschichte erzählt, die…

9 VON DEN HEUCHLERN, DIE ZU STEINSTATUEN WURDEN

"Der Herr soll diese meine Hand auf der Stelle zu Stein werden lassen, wenn das, was ich sage, nicht wahr ist". Messer Rioba war nicht gerade jemand, der die Worte auf die Goldwaage legte. Diese kleine Herausforderung Gott gegenüber führte er ständig im Mund, sowohl im Geschäftsleben als auch bei einem Gläschen Wein. Seine Übertreibungen wurden in der Osteria nur deshalb hingenommen, weil der Wunsch, von seinen immer aufregenderen Reiseabenteuern zu hören, noch stärker war. Aber jeder der Stammgäste konnte sich leicht ins Gedächtnis zurückrufen, wie Antonio Rioba oder einer seiner Brüder ihn durch einen üblen Trick, eine Lüge, eine kleine Gaunerei übers Ohr gehauen hatte.
Obgleich die Mastelli noch nicht lange in Venedig waren, hatten sie es geschafft, sich trotz häufiger Reisen in die große Gemeinde des Sprengels zu integrieren. Warum die Mastelli (den Namen hatten sie sich in Venedig zugelegt) vom Peloponnes weggegangen waren, wusste niemand; sie standen zwar in dem Ruf, geschäftstüchtig zu sein, galten zugleich aber als Aufschneider und Gauner. Die Besitztümer, die sie hatten, reichten ihnen nicht und jeden Tag dachten sie ohne viele Gewissenbisse darüber nach, auf welche neue Art sie ihr Kapital noch vermehren könnten, auch wenn dabei andere zu Schaden kamen.
So wurden ihre Übergriffe und Betrügereien bald unerträglich, aber nie-

mand wagte es, etwas gegen sie zu unternehmen, da sie mit ihrem Geld jedes Geschworenengericht kaufen konnten und sich außerdem hüteten, einem hohen Tier in der Stadt auf die Hühneraugen zu treten. In kurzer Zeit richteten sie viele Familien zugrunde und stürzten Hunderte von Menschen in ein Hungerdasein.

An einem Abend im Februar, als die Sonne schon hinter den Dächern bei Sant'Alvise verschwinden wollte, klingelte es bei den Mastelli.

Es war eine Frau, die Stoffe für ihren Laden kaufen wollte. Rioba, der ein gutes Geschäft witterte, wollte sie persönlich ins Lager begleiten, wo die Brüder Ware einsortierten. "Ihr wurdet mir von einigen Leuten am Rialto empfohlen", sagte die Frau. "Mein Mann ist vor zwei Monaten gestorben, und ich muss jetzt den Laden bei San Salvador wieder aufmachen. Ich habe all unsre Ersparnisse bei mir; ich weiß, dass zur Zeit ein Tuch aus Flandern Mode ist und dass Euer Lager gut damit bestückt ist. Mein Herr, diese Summe ist alles, was mir und meinen Kindern verblieben ist, um das Geschick unsres Geschäfts, und damit unseres Lebens, zum Guten zu wenden. Wenn ich gut einkaufe und dann gut verkaufe, habt Ihr eine Kundin gewonnen, die sich Euch gegenüber immer dankbar erweisen wird". Rioba konnte es nicht fassen, dass er nun einen Laden in der Stadtmitte in die Finger bekommen konnte.

Er zeigte der Frau ein paar Stoffballen, genug um zu begreifen, dass sie keine Ahnung von der Qualität des Materials hatte und dass sie tatsächlich eine unvorhergesehene Situation meistern musste.

Da Rioba gewohnt war, andere hinters Licht zu führen, schoss ihm der Gedanke durch den Kopf, dass niemand nachweisen konnte, dass der minderwertige Stoff von ihm kam. Oder dass die Frau nicht gerade diesen Stoff verlangt hatte. Er blinzelte seinen Brüdern zu, die sich angrinsten und nur mühsam ihre widerwärtige Belustigung verbergen konnten, und setzte zu seinem Tiefschlag an: "Sehen Sie, gnädige Frau", sagte er und rollte einfache bedruckte Baumwolle aus, "ich trenne mich

nur sehr ungern von diesem Tuch, das erst vorgestern aus Flandern eingetroffen ist. Ihr Geld würde eigentlich nicht ausreichen, aber ich möchte Ihnen ja entgegenkommen. Ich versichere Ihnen, dass sich die Frauen für diese Stoffe vor Ihrem Laden die Haare ausreißen. Der Herr möge diese meine Hand auf der Stelle zu Stein werden lassen, wenn das, was ich Ihnen sage, nicht wahr ist. Brüder, beschwört ihr das auch". "Ich nehme Euren Vorschlag an", antwortete die Frau und ließ alle Dukaten in seine Hand gleiten, "und ich rufe Gott als Zeugen für Eure Ehrlichkeit an. Euch soll das widerfahren, was Ihr selbst entschieden habt". Im selben Moment wurden die Münzen zu Stein und damit auch Hand und Arm des Mannes. Starr vor Entsetzen sahen auch die übrigen Mastelli-Brüder, wie ihre Gliedmaßen zu Stein wurden. "Frevler, Betrüger, Heuchler, Ihr werdet zu jenen bleichen Grabstatuen, als die Ihr euch im Leben erwiesen habt". Die Frau war die Hl. Magdalena, die einen letzten Versuch unternommen hatte, um herauszufinden, ob die vier Kaufleute nicht doch noch zu retten waren. So wurden sie zu Steinstatuen. Als die Gehilfen sie dergestalt im Lager vorfanden, dachten sie im ersten Moment, dass die Brüder Mastelli durch Gottes Strafe zu Stein geworden sein könnten. Aber dann fanden sie sich einfach damit ab, dass die Brüder für immer verschwunden waren. So wurden die Figuren in die Außenwände des großen Hauses eingemauert, wo sie heute immer noch stehen.
Im Laufe der Jahrhunderte hat man hin und wieder die Statue des Sior Antonio Rioba weinen sehen, an Februartagen, wenn die eisige Luft kälter ist als der Stein. Und wenn ein Mensch ohne Fehl und Tadel seine Hand auf die kalte Brust der Statue legt, könnte er sogar das Herz klopfen hören.

Gleich daneben, bei der Statue des vierten Bruders Mastelli, an der Hausnummer 3399 der *Fondamenta dei Mori*, steht das Haus, in dem der Maler *Jacopo Robusti*, genannt *Tintoretto* (weil sein Vater Färber war), bis zu seinem Todestag, dem 31. Mai 1594, gelebt hat.
Wenn Sie die Fassade genau betrachten, werden Sie gleich das große **Basrelief** entdecken, auf dem Herkules mit einer Keule abgebildet ist. Das ließ der Künstler selbst dort anbringen, als er als junger Vater, ohne es zu wollen, in eine üble Geschichte geriet, die...

10 VON DER HEXE, DIE DURCH DIE WAND VERSCHWAND

Der Augenblick kam nahe, an dem Marietta, die älteste Tochter des Malers, erstmals zur Kommunion gehen sollte. Damals war es üblich, die Kappelle des Klosters der Madonna dell'Orto aufzulassen, damit die Erstkommunikanten zehn Tage lang morgens kommen konnten, um das Sakrament zu empfangen. Es geschah also, dass Marietta auf dem Weg zur Messe im großen Klostergarten von einer alten Frau gefragt wurde, wohin sie denn gehen wolle. "Zur Kommunion", antwortete sie. "Sag, willst du wie die Madonna werden?", fragte die Alte weiter. "Oh, aber das ist doch unmöglich!", erwiderte die Kleine. "Nein, das ist es nicht, wenn du das machst, was ich dir sage. Behalte nur bei der Kommunion die Hostie im Mund, stecke sie dann in dein Mieder und verberge sie an einem sicheren Ort, wenn du nach Hause kommst. Wenn du dann zehn davon hast, komme ich wieder und dann gibt es eine schöne Überraschung".
Ein paar Tage befolgte die Kleine die Anweisungen der alten Frau und versteckte die Hostien aus Angst, jemand könnte sie finden, im Garten neben einem kleinen Schuppen, in dem der Vater, wie es damals üblich war, zwei Schweine und eine Eselin hielt. Sie nahm eine Schachtel, legte die Hostien hinein und verbarg sie hinter der Tränke. Als etwa fünf

Hostien zusammen waren, knieten sich die Tiere vor der Tränke hin und wollten absolut nicht aufstehen, nicht einmal, wenn man auf sie einschlug. Daraufhin gestand die Kleine alles: "Vater, da ist eine alte Frau, die mich auf der Straße angesprochen hat und sagte, ich werde wie die Muttergottes, wenn ich für sie zehn Hostien aufhebe". Tintoretto war gläubig, kannte aber von seiner Arbeit her kabbalistische und magische Praktiken; er wusste, dass alte Hexen auf diese Weise junge Adeptinnen anwarben. Er beschloss, niemandem etwas von der Sache zu erzählen. Am Nachmittag ging er heimlich in die Kirche, legte die geweihten Hostien auf den Altar (es sollte aussehen, als seien sie da versehentlich liegen geblieben) und besorgte sich einen Knüppel. Am Morgen des zehnten Tages sagte er seiner Tochter, sie solle sich nach der Messe ans Fenster stellen und die Alte hereinbitten, falls sie auftauche. Die kam auch prompt, und Marietta tat, was ihr der Vater gesagt hatte. Die Hexe hatte noch keinen Fuß über die Schwelle des Wohnraums im ersten Stock gesetzt, als Tintoretto schon auf sie eindrosch. Bei den ersten Schlägen verwandelte sie sich in eine Katze, die wie verrückt umherraste und versuchte, an Möbeln und Vorhängen emporzukriechen. Als sie schließlich einsah, dass es kein Entrinnen gab, stieß sie einen grässlichen schrillen Schrei aus und prallte, in eine schwarze Wolke gehüllt, mit einer solchen Wucht gegen die Wand, dass ein Loch entstand, durch das sie entfloh – auf Nimmerwiedersehen. Und Tintoretto ließ an der Stelle zum Schutze seines Hauses das noch heute vorhandene Relief von Herkules einmauern, damit die Hexe auf keinen Fall wieder da hereinkommen könne, wo sie entflohen war.

Tintoretto hatte noch mehr Töchter: *Ottavia*, die das Elternhaus erbte, *Alturia* und *Perina*, die beide ins Sankt-Anna-Kloster in Castello eintraten und im Mittelpunkt einer Begebenheit stehen, die wir auf unsrem nächsten Rundgang erzählen werden.

Die Bezeichnung '*Ghetto*' kommt wahrscheinlich von 'getto' (Guss), weil in diesem Stadtteil vor der Ankunft der Juden mehrere Kanonengießereien lagen, die dann 1390 ins Arsenal verlegt wurden. Weniger überzeugend ist die Herleitung aus dem chaldäischen '*ghet*' (Herde), aus dem Hebräischen '*nghedad*' oder dem Syrischen '*nghetto*' (Versammlung, Synagoge). Feststeht jedenfalls, dass das Ghetto von Venedig das erste in Europa war und dass das venezianische Wort ‚ghetto' bald überall dazu diente, die Viertel zu bezeichnen, in denen Juden lebten.

Von Tintorettos Haus aus gehen Sie nun über die *Brücke dei Mori*, dann die *Calle Larga* hinunter, bis Sie zu der *Fondamenta de la Misericordia* kommen, einer Gegend, wo viele Turisten, aber auch Venezianer unterwegs sind, weil es da viele Lokale gibt. Gehen Sie nun nach rechts die Fondamenta entlang über den *Ponte dei Lustraferi* und die *Fondamenta dei Ormesini*. An einer Stelle sehen Sie links eine Metallbrücke, an deren Fuß auf jeder Seite ein Häuslein steht: Das ist die *Brücke des Gheto Novo*, die auf den *Campo de Gheto Novo* führt, mitten ins **Ghetto** von Venedig.

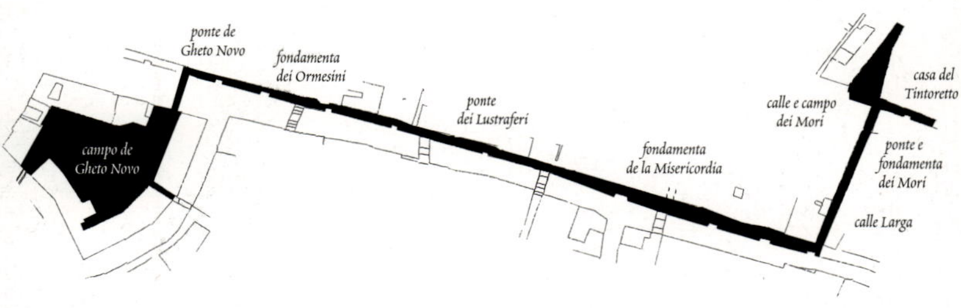

1516, nachdem viele der 1492 aus Spanien vertriebenen Juden hierher geflüchtet waren, wurden alle Juden in der Stadt – auch die Alteingesessenen, die bis dahin auf der Insel Giudecca wohnten – durch einen Regierungserlass gezwungen, auf die zwei Inseln der "**Alten** und der **Neuen** Gießerei" zu ziehen; im 17. Jh. kam dann noch das **Ghetto Nuovissimo** hinzu. Der enge Raum, auf dem mehrere tausend Menschen zusammengepfercht lebten, ließ die Häuser in den Himmel wachsen – mit bis zu acht Stockwerken, wobei oft zwei Gebäude ein Treppenhaus teilen. Die Ghetto-Tore waren von Sonnenuntergang bis zum Morgen geschlossen; es bestand ein Ausgangsverbot. Die Kosten für die Bewachung vom Wasser und vom Land her musste die Gemeinde selbst aufbringen, ebenso wie den Mietzins an den Staat, und das, obgleich Juden ja keinen Besitz haben durften. Das, was wir jetzt erzählen, geschah einige Jahrzehnte nach der Errichtung des Ghettos, als sich dort eine Epidemie ausbreitete, nämlich…

Die **Insel Giudecca** hieß früher '**Spinale**' oder '**Spinalonga**', wohl wegen ihrer lang gestreckten Form, die an Fischgräten erinnert, oder wegen des Dornengestrüpps, das sie einst überzog ('spina' ist 'Dorn'). Der heutige Name scheint auf die seit Urzeiten hier ansässige jüdische Bevölkerung zurückzugehen, die dann 1516 ins Ghetto übersiedeln musste. Auf der Insel gab es früher viele wilde Gärten, die zu mieten waren und die vor allem im 18. Jh. Schauplatz von Liebesabenteuern, Orgien und üblen Machenschaften waren.

II DIE KINDERPEST

Die große Pestwelle von 1575 erreichte Venedig über Nacht. Während die Krankheit im Sommer 1576 in der Stadt wütete und Tausende von Opfern machte, starben im Ghetto nur die Kinder, und zwar in immer größerer Zahl. Ständig war das Klagegeschrei von Eltern zu hören, und da nur das Ghetto von dieser schrecklichen Auslese betroffen war, versammelten sich alle Rabbiner unter der Anleitung des Hauptes der Gemeinde, Rabbi Jacob Sterchel, und ordneten an, man solle die Pest durch Fasten und Gebet aufhalten, um den Herrn wieder gegen die Ghettobewohner gnädig zu stimmen.

Aber umsonst. Vergebens suchte Rabbi Sterchel in seinen Büchern nach einer Lösung, um die furchtbare Plage zum Stillstand zu bringen, bis er eines Nachts vom Propheten Elias träumte, der an seinem Bett stand und ihm sagte: "Steh auf und komm mit mir". Der Rabbiner gehorchte und folgte dem Propheten schwankend über die Wasserfläche der Lagune bis zum Lido, wo der *beth-chaim* (Haus des Lebens), der jüdische Friedhof von Venedig liegt. Hier sah der Rabbiner, wie die Seelen der toten Kinder zwischen den Grabsteinen hin- und herrannten und spielten. Er wollte gerade fragen, was die Vision zu bedeuten habe, als er aufwachte. Da er aber annahm, die Erscheinung sei ein Hinweis Gottes, wartete er den Morgen ab, bat einen seiner Schüler zu sich und sagte ihm: "Wenn du mithelfen willst, die Pest zu vertreiben, dann gehe um Mitternacht zum Friedhof. Dort wirst du die toten Kinder spielen sehen. Reiß einem von ihnen die *tachrichim* (die Leichentücher) herunter und bringe sie mir sofort".

Der Schüler tat, wie der Rabbi ihn geheißen hatte. Er fuhr in einem Boot zum Friedhof und versteckte sich, um Mitternacht abzuwarten. Schlag Mitternacht kamen die Kinderseelen aus den Gräbern und fingen gleich mit ihren Spielen an. Sie liefen umher, und als eines von ihnen nah an den Schüler herankam, riss er ihm das Leichentuch vom Leib und brachte es in aller Eile dem Rabbiner. In derselben Nacht hörte Rabbi Sterchel ein feines Klopfen am Fenster. Er schaute hinaus und sah das Kind, das ihn leise anflehte: "Rabbi, gebt mir meine *tachrichim* wieder. Ohne sie kann ich nicht zurückgehen". Aber der Rabbi erwiderte: "Ich werde sie dir erst geben, wenn du mir sagst, warum die Pest im Ghetto nur unsere Kinder trifft".

Erst wollte der Junge nicht antworten, aber als er die Entschiedenheit des Rabbiners sah, sagte er, dass die Ursache eine Mutter sei, die ihr Neugeborenes getötet habe. Als er dann sein Leichentuch wieder hatte, kehrte er zum Friedhof zurück, um sich in ewigem Schlaf zu den anderen zu legen. Nachdem Rabbi Sterchel herausgefunden hatte, um wen es sich handelte, rief er alle Rabbiner zusammen, und ordnete an, die Frau und ihren Mann, der von dem Verbrechen wusste, zu holen. Als sich die beiden entlarvt sahen, gestanden sie und wurden der Justiz übergeben. Von da an hörte das Sterben unter den Kindern auf, und bis zum Ende der Seuche starb kein Ghettobewohner mehr an Pest.

Unser erster Rundgang in der Lagunenstadt endet hier. Wir hoffen, wir haben Sie in Spannung versetzt und damit bewirkt, dass Sie sich auf den nächsten Gruselspaziergang freuen; wir wünschen Ihnen eine Gute Nacht, nicht ohne noch eine Geschichte aus diesem Sestiere zu erzählen…

die von einer Frau und ihren drei Töchtern. Als die Frau plötzlich erkrankte, bat sie den Beichtvater darum, mit dem Schächtelchen unter ihrem Bett beerdigt zu werden; er persönlich sollte es ihr ans Bein binden. Kurz danach starb die Frau. Als die älteste Tochter sah, wie die Mutter mit der geheimnisvollen Schachtel in den Sarg gelegt wurde, beschloss sie, nachts zum Grab zu gehen, um sie zu bekommen. Die Schwestern wollten erst nicht, ließen sich aber schließlich durch Hartnäckigkeit und Drohungen überreden, mitzumachen.

Als es dunkel war, gingen die drei in Begleitung eines Gondoliere zum Friedhof, auf dem tiefe Finsternis und eine bedrohliche Stille herrschten.
Als sie den Deckel vom Sarg genommen hatten, merkten sie, dass keine von ihnen daran gedacht hatte, etwas mitzunehmen, um das Band der Schachtel durchzuschneiden. Mehrfach versuchten sie vergeblich, es aufzuknoten, und dann fingen sie an, in panischer Angst daran zu zerren, aber alle Versuche waren umsonst. Um die Angelegenheit zu Ende zu bringen und schnell wegzukommen, zog die Älteste so heftig, dass sie mit der Schachtel auch ein Bein der Mutter abriss. Erschrocken liefen die drei mit der makabren Last nach Hause. "Was sollen wir jetzt tun?", fragten die beiden jüngeren Schwestern. "Nichts, jetzt legen wir das alles erst mal hierher", antwortete die Große und versteckte Schachtel und Bein im Holzofen.
Es blieb nicht die Zeit, nachzudenken und das Herzklopfen loszuwerden, als es um Mitternacht laut klopfte und eine Stimme rief: "Macht auf; ich bin es, eure Mutter". Die zwei jüngeren Schwestern liefen voller Angst ins Schlafzimmer und versteckten sich. Die Große machte sich Mut und öffnete: "Oh, Mutter, wie kalt muss es Euch sein! Tretet ein, damit ich Feuer mache und Ihr Euch erwärmt". Im Ofen lag jedoch das Bein mit der Schachtel. Um Zeit zu gewinnen, sagte das Mädchen: "Kommt doch her, Mutter, ich will Euch waschen, Ihr seid ja voller Erde". Und so wusch sie ihr erst den einen Arm, dann den anderen und danach ein Bein. Als sie das andere waschen wollte, fragte sie heuchlerisch: "Oh Mutter, und das Bein?" – "Ah, du Unmensch!", schrie die Tote, "du hast es mir ausgerissen!" Dabei fasste sie die Tochter am Hals und erwürgte sie.

II

DER TRAURIGE GESANG DER SIRENE

VON DEN NOTEN, DIE AUF DEM WASSER AUFGEZEICHNET SIND

VOM FISCHER, DER EINE SIRENE HEIRATETE

VOM MAGIER, DER MIT DEM TEUFEL SEINE SCHERZE TRIEB

VOM ZAUBERER MIT DEM STEINERNEN HERZEN

VOM SOLDATEN, DER ÜBER DEN TOD HINAUS TREU BLIEB

VON DER UNGLÜCKLICHEN NONNE

VOM SCHAL DER TOTEN

VON DEM TOTEN, DER HEIRATEN WOLLT

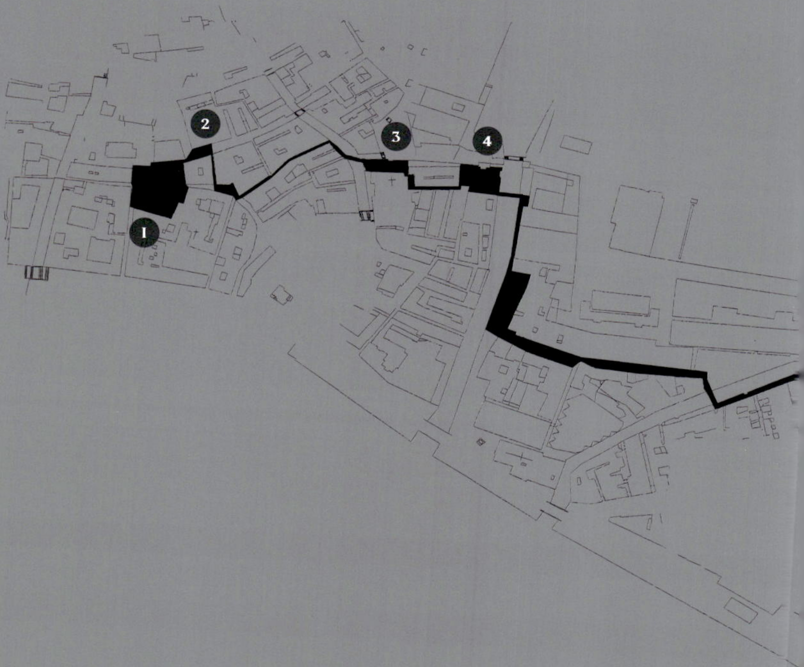

2
3
4
1

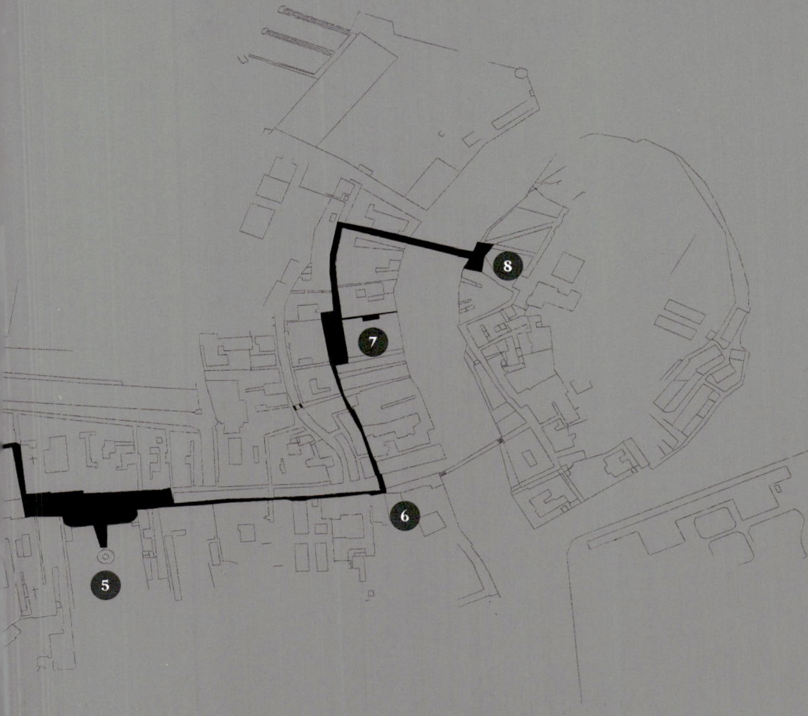
8
7
6
5

Unsre zweite Begegnung mit geheimnisvollen Orten in Venedig, die mit Gespenstern u.ä. verbunden sind, findet im Sestiere **Castello** statt. Wir beginnen auf dem *Campo de la Bragora*, auch *Bandiera* e *Moro* genannt, der von der *Riva degli Schiavoni* aus leicht über die *Calle del Dose* zu erreichen ist. Hier wohnten im **Palazzo Soderini** (Hausnummer 3611) zwei venezianische Helden, *Attilio* und *Emilio Bandiera*. Sie gehörten zu den "dreihundert starken jungen Männern", die 1844 in Cosenza für ihre Heimat starben. Zusammen mit einem weiteren Venezianer, ihrem Freund *Domenico Moro*, wurden sie erschossen, nachdem ihr Versuch, Italien durch einen Aufstand zu befreien, gescheitert war. Sie ruhen neben den Dogen in der **Kirche Santi Giovanni e Paolo** (von der ja schon die Rede war).

Bevor sich die Brüder Bandiera 1842 Giuseppe Mazzinis Gruppe "Giovine Italia" anschlossen und in Venedig den Geheimbund "Esperia" gründeten, waren sie Offiziere der österreichischen Marine gewesen.

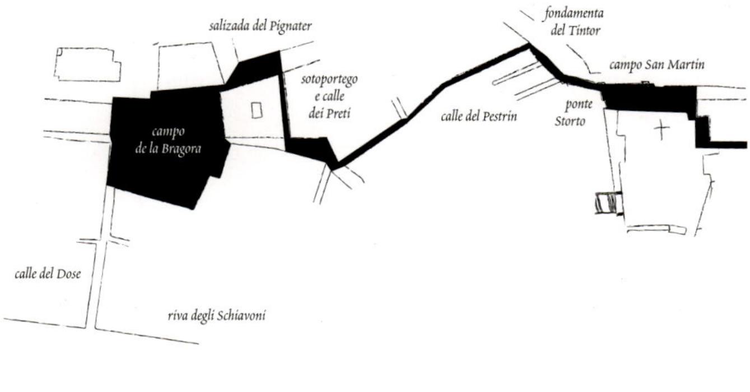

CALLE
DELLA
MORTE
3609

In der Nähe, links vom **Palazzo Gritti Badoer** (Hausnummer 3608), ist die *Calle de la Morte*, in deren düsteren Winkeln der Überlieferung zufolge die 'inoffiziell' Verurteilten hingerichtet wurden, Personen, die den Mitgliedern des Rates der Zehn 'unbequem' waren.
Aber betrachten Sie jetzt die **Kirche San Giovanni in Bragora**. Sie wurde Anfang des 8. Jhs. von dem Bischof Sankt Magnus gegründet und ist Johannes dem Täufer geweiht (von dem einige Reliquien vorhanden sind, die angeblich bereits im 9. Jh. nach Venedig gekommen waren).

Der Ursprung der Bezeichnung 'Bragora' ist unsicher. Sie könnte sich aus dem archaischen venezianischen Wort 'bragola' (Marktplatz) ableiten, das wiederum auf 'bragolare' (fischen) zurückgeht oder auf das griechische 'agorà' (Platz). Eine weitere Deutung führt den Namen darauf zurück, dass dieser Ort hier auf einer der beiden Zwillingsinseln liegt, auf denen vor Urzeiten eine Kultstätte von Kastor und Pollux bestanden hatte: das orientalische Wort 'b'ragal' (zwei Männer) beziehe sich auf diese beiden mythologischen Figuren.

1475 wurde das Gebäude erneut aufgebaut und später bis ins 18.Jh. immer wieder umgebaut.
Die Gegend um die *Bragora* ist eng verbunden mit der Figur des Musikers und Komponisten *Antonio Vivaldi*, des "prete rosso" (der rote Priester), wie er auch genannt wurde. Wie wir aus seiner Geburtsurkunde erfahren, kam er am 4. März 1678 zur Welt und wurde noch im Haus der Hebamme getauft, da er "dem Tod nah war". Zwei Monate später, am 6. Mai, wurde an dem Säugling in einer Kirche "ein Exorzismus und eine Salbung" vorgenommen. Als Kapellmeister an der nahen **Pietà** (der Musikschule für verwaiste Mädchen) verfasste Vivaldi über 450 Konzerte, von denen einige *Bach* so gut gefielen, dass er sie für Orgel transkribierte. Vivaldis Genialität verdanken wir eines der meistgehörten Musikwerke auf der Welt: *Die vier Jahreszeiten*. Der Meister soll jedoch ein weit schöneres Werk komponiert haben, das aber nicht zu hören ist. Von Vivaldi wird nämlich noch heute eine Geschichte erzählt, die...

I VON DEN NOTEN, DIE AUF DEM WASSER AUFGEZEICHNET SIND

Die Eltern ließen den kleinen Antonio zu spät exorzieren. In den ersten Lebensmonaten hatte der Teufel, der nur zu gut wusste, was aus dem Kind werden sollte, beschlossen, dieses musikalische Talent für seine üblen Ziele auszunützen; das geweihte Salböl tat zwar seine Wirkung, aber nur halb. In Vivaldi trat eine "Doppelnatur" zutage, gegen die er sich zeitlebens wehrte, die ihn sogar bewog, Priester zu werden.
Am 16. November 1737 schreibt Vivaldi dem Marquis Guido Bentivoglio in Ferrara: "Seit 25 Jahren zelebriere ich keine Messe und werde es auch in Zukunft nicht tun, nicht weil man es mir verboten hat, wie es Eurer Eminenz wohl hinterbracht wurde, sondern aus eigenem Entschluss, und zwar wegen eines Leidens, das mich von Geburt an quält. Kurz nachdem ich die Weihen empfangen hatte, habe ich etwa ein Jahr lang zelebriert, dann gab ich es auf, weil ich dreimal vor dem Ende der Messe wegen eines tiefen Unbehagens abbrechen und vom Altar weg musste". Weil aber seine Natur von Grund auf gut war, konnte ihn der in ihm waltende böse Geist, der ihn zu den Heerscharen des Teufels drängte, nicht daran hindern, engelsgleiche Dinge zu tun und zu ersinnen. Eine solche Situation konnte Beelzebub nicht hinnehmen.
Er wusste, dass er letztlich gegen Gottes Macht und den starken Willen eines Menschen nichts ausrichten konnte und eine Seele verlieren würde; so spielte er seine letzte Karte aus: Er hinderte Vivaldi daran, das Werk niederzuschreiben, das die Nachwelt überwältigt hätte – es blieb in dem Herzen verschlossen, das sich Satanas verweigert hatte.
Mit seinem Tod gehörte Vivaldi wieder ganz dem Himmel an, war aber traurig darüber, dass er der Welt nicht sein schönstes Musikstück schenken konnte. Noch heute schwebt sein Geist in Nächten über die Wasserfläche hin, wenn der Wind sie nur leicht kräuselt, und findet Trost darin, auf dem Wasser die Noten einer inneren Musik aufzuzeichnen, die nie jemand wird hören können.

Vivaldis schönstes Stück ist also verloren gegangen, aber es gibt Leute, die schwören, dass oft Windböen, die über die schäumenden Wellenkämme hinwehen, Fetzen einer himmlischen Symphonie ans Ufer tragen.

Die 'salizade' (mit einem oder zwei 'z') gehören zu den ersten Wegen, die mit 'masegni' gepflastert wurden, jener für Venedig typischen Pflasterung. Es gibt aber Gegenden, wie z.B. die unsres ersten Rundgangs, die eine noch ältere Pflasterung aufweisen: in Fischgrätenmuster angeordnete Backsteine.

Mit dem Blick auf die Kirche gehen Sie nun in die Gasse auf der linken Seite des Campo, der sich hier zur *Salizada del Pignater*, der Topfmachergasse, erweitert. Nach wenigen Schritten stehen Sie rechts vor dem Bogen des niedrigen *Sotoportego dei Preti*. Gehen Sie hinein und schauen Sie hinter sich nach oben. Das Backsteinherz auf dem höchsten Punkt des Bogens ist ein Talisman: Wenn zwei Liebende es gleichzeitig berühren, wird ihre Liebe ewig halten. Wer allein ist, der kann einen Liebeswunsch äußern, der dann – wenn man fest daran glaubt – in einem Jahr in Erfüllung geht. Das Herz ist nämlich nicht zufällig dort, es befindet sich da seit den Zeiten…

2 VOM FISCHER, DER EINE SIRENE HEIRATETE

Als Venedigs Geschichte ihren Anfang nahm, in einer Zeit also, in der Wirklichkeit und Magie friedlich nebeneinander bestanden und die Grenzen dazwischen noch nicht so scharf waren, wie dies heute der Fall ist, lebte hier ein junger Fischer namens Orio, der seine Netze eines Nachts auf dem Lido vor Malamocco auswarf. Beim Einholen stellte er fest, dass sie ungewöhnlich schwer waren. “Bitte befreie mich; wenn du das tust, wirst du es nicht bereuen”. Die liebliche, verängstigte Stimme, die aus dem Wasser tönte, ohne dass im Dunklen etwas zu sehen war, kam so unerwartet, dass der junge Mann zurückprallte und dadurch auf den Boden des Bootes fiel. Daraufhin hörte er ein silberhelles, belustigtes Lachen, und zwei Mädchenhände, die sich im Netz verfangen hatten, tauchten zusammen mit einem wunderschönen Gesichtchen an der Bootswand auf. “Verzeih mir, ich wollte dich nicht erschrecken”, sagte das Wesen, das wie ein bildschönes Mädchen aussah, “in meiner Lage müsste ich mir eher Sorgen um mich machen. Bitte, bitte befreie mich”.

Orio war ganz benommen von soviel Schönheit und sprang auf; er wollte sich seine Verlegenheit nicht anmerken lassen, während er sie aus dem Netz befreite und fragte: “Was machst du denn mitten in der Nacht hier im Wasser? Du bist doch nicht etwa eine Hexe, die vom Besen gefallen ist, oder?” – “Oh nein, junger Freund”, antwortete sie, “ich bin nur eine Sirene und heiße Melusine”, während ein wunderschöner Fischschwanz neben dem Boot aus dem Wasser kam.

Orio war baff, auch wenn die Schönheit der Fischfrau ihn zutiefst berührte. Er hatte sich schon bis über beide Ohren in sie verliebt.

Sie unterhielten sich, bis es hell wurde, und versprachen einander, sich jede Nacht an einem nahen Strand zu treffen. Und so geschah es auch: Orio saß im seichten Wasser und wartete auf Melusine, die immer gleich kam und ihm dann am Morgen, bevor sie sich trennten, in wenigen Minuten die Netze mit Fischen füllte. Schon mehrfach hatte Orio die Sirene gebeten, seine Frau zu werden, und sie hatte gesagt, sie gebe gerne die Freiheit des Meereslebens auf, um dafür zwei Beine zu bekommen. Ihre einzige Bedingung war gewesen, dass er samstags bis zum Hochzeitstag nicht kommen dürfe.

Zwei Wochen lang ging alles wunderbar, aber als der dritte Samstag nach ihrem ersten Treffen kam, hielt Orio es nicht mehr aus und ging wie gewöhnlich zum Treffpunkt. Als er ankam, war niemand zu sehen.
Er wartete eine Weile, aber nichts geschah. Er wollte schon weggehen, als eine große Wasserschlange vom felsigen Ufer her rasch vor seinen Füssen vorbei kroch. Zu Tode erschrocken sprang der Fischer auf und rannte das Ufer entlang. Als er anhielt, um Luft zu schöpfen, hörte er eine Stimme vom Wasser her, die ihn anfuhr: "Du Dummkopf, warum bist du heute gekommen? Ich hatte dir doch gesagt, dass du samstags nicht herkommen sollst. Da bin ich nämlich in eine Schlange verzaubert, aber wenn du mich heiratest, werde ich immer so schön sein, wie du mich kennst".
Die Hochzeit fand also statt, und die beiden waren ein glückliches Paar. Bald bekamen sie drei Kinder, und Orio musste sich die Ärmel hochkrempeln, um seine anwachsende Familie durchzufüttern.
Aber eines Tages wurde Melusine schwer krank und starb kurz darauf. Vor ihrem Tode bat sie ihren Mann, im Meer bestattet zu werden, und zwar an der Stelle, wo sie sich kennen gelernt hatten, was er dann auch tat. Orio war verzweifelt; er hatte nicht nur seine liebe Frau verloren, er musste sich ja auch um die Kinder und den Haushalt kümmern. Er wusste wirklich nicht mehr ein und aus. Aber bereits am zweiten Tag bemerkte er, dass alles sauber und ordentlich aussah und dass die Kinder versorgt waren. Da er sich das nicht erklären konnte, dachte er gerührt, die Nachbarin komme aus Mitleid heimlich, um ihm im Haus zu helfen. An einem Samstag Morgen, als er früher als sonst heimkehrte, fand er jedoch eine große Schlange in der Küche. Ohne nur einen Moment nachzudenken, nahm er das Holzbeil und schlug der Schlange den Kopf ab. Bevor er den wegwarf, brachte er ihn zu seinen Nachbarn, um zu zeigen, was für ein Unglück hätte geschehen können, wenn er nicht rechtzeitig zurückgekommen wäre. Von diesem Moment an sahen das Haus und die Kinder vernachlässigt aus.

Da begriff er, was er angerichtet hatte, und war verzweifelt: Die Schlange war seine Melusine gewesen, die heimlich herkam, um für Haus und Kinder zu sorgen, und er hatte sie unwissentlich endgültig getötet. An diese Geschichte soll das Steinherz dort oben erinnern, das da angebracht wurde, wo Orios und Melusines Haus stand.

Gehen Sie nun die *Calle dei Preti* hinunter, bis Sie zur *Calle va in Crosera* kommen. Wenn Sie hier links abgehen, stoßen Sie gleich links auf die *Calle del Pestrin* (von '*pestrino*', dem Ort, wo Milch verkauft wurde). Die gehen Sie ganz hinunter bis zur *Fondamenta del Tintor*. Hier brauchen Sie dann nur über die Schiefe Brücke (*Ponte storto*) zu gehen und schon stehen Sie auf dem *Campo San Martin*, vor der gleichnamigen **Kirche**, die dem Heiligen aus Tours geweiht ist. Sie wurde Mitte 16. Jh. nach einem Entwurf von Jacopo Sansovino begonnen. Bleiben Sie hier kurz stehen, denn dieser suggestive Winkel bildet die Kulisse für die folgende Geschichte, die…

3 ~ VOM MAGIER, DER MIT DEM TEUFEL SEINE SCHERZE TRIEB

Hier lebte gegen Ende des 15. Jhs. ein brutaler Kerl, der ganz offen die schwarze Magie und andere Künste praktizierte, die dem Teufel lieb sind; dem soll er sogar seine Seele verkauft haben. Eines Nachts, als es völlig finster war, befand sich der Mann noch sehr spät auf einer Straße. Er war bei Mondschein von zu H ause weggegangen und war von Wolken, die

alles in Dunkel hüllten, überrascht worden. Was sollte er also tun? Statt eine fromme Seele im Fegefeuer um Hilfe anzuflehen, wie man das damals tat, fiel ihm nichts besseres ein, als den Teufel persönlich zu bemühen: "*Azazel, Azazel, bùtime un ciaro!*" (Teufel, wirf mir eine Fackel zu!). Und schon hatte er eine brennende Fackel in der Hand; mit der ging er, als wenn nichts wäre, nach Hause, wo er sie löschte und in die Holzkiste warf, um sie später gleich bei der Hand zu haben. Am nächsten Morgen öffnete die Dienstmagd die Kiste und fand darin den verkohlten Arm eines Toten. Sie fiel beinahe in Ohnmacht und rief, der Herr solle doch kommen. Die Chroniken berichten, der Mann habe nur losgelacht, weil das nicht das erste Mal war, dass der Teufel Schabernack mit ihm trieb…

Ganz in der Nähe, in der Gegend von **San Francesco della Vigna**, wird eine ähnliche Geschichte erzählt, die aber von einem rechtschaffenen Mann handelt. Als er im Dunkeln von der Arbeit nach Hause ging, begegnete er einem Zug von Toten, der um den kleinen Kirchhof herumging: Es war nämlich Allerseelen. Alle Verstorbenen hatten eine Kerze in der Hand, und einer sprach ihn an: "Guter Mann, wohin geht ihr zu dieser Nachtstunde ohne ein Licht? Nehmt meines".
So kam der Mann nach Hause. Aber als er am nächsten Morgen die Kammer aufmachte, in die er die Kerze gelegt hatte, fand er die Hand eines Toten. Voller Schrecken wartete er ab, bis es dunkel wurde, und ging dann zur Friedhofsmauer. Die Prozession der Toten war noch dort; alle Seelen hielten ein Licht in der Hand bis auf eine, jene, die ihm in der Nacht zuvor geholfen hatte. Ängstlich ging der Mann auf sie zu und

gab ihr die Hand zurück, die sich sofort wieder in ein Licht verwandelte. Wenn Sie nun mit dem Gesicht zur Kirche stehen, gehen Sie links in den *Campiello de la Sacrestia* und dann geradeaus weiter die *Calle de l'Arsenal* hinunter, bis zu dem kleinen Durchgang am Ende. Dahinter stehen Sie direkt auf dem *Campo de l'Arsenal*, genau gegenüber dem historischen **Portal** der Anlage, die Jahrhunderte lang das Glanzstück der Serenissima war. *Dante Alighieri* (1265-1321), der mehrfach in Venedig war und das Arsenal in seiner Blütezeit erlebte, verewigt diese Erinnerung im XXI. Gesang des '*Inferno*' (3-6):

Gleich wie man in Venedigs Arsenal
Das Pech im Winter sieht aufsiedend wogen,
Womit das lecke Schiff, das manches Mal
Bereits bei Sturmgetös das Meer durchzogen,
Kalfatert wird – da stopft nun der in Eil
Mit Werg die Löcher aus am Seitenbogen,
Der klopft am Vorder-, der am Hinterteil
Der ist bemüht, die Segel auszuflicken,
Der bessert Ruder aus, der dreht ein Seil;
So ist ein See von Pech dort zu erblicken, ...

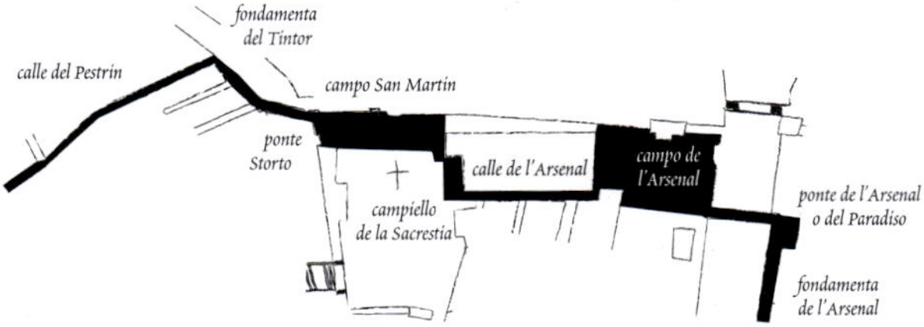

Das große, 1460 durch den Dogen *Pasquale Malipiero* errichtete Portal wurde nach *Sebastiano Venier*s Sieg über die Türken in der Seeschlacht bei *Lepanto* in ein Ehrenmal umfunktioniert. Aus der Zeit stammen auch die beiden **Siegesgöttinnen** und die **Statue der Hl. Justina** an der Spitze. Die vergitterte Terrasse, auf der Pfeiler mit acht allegorische Figuren stehen, ist über hundert Jahre später hinzugekommen. Das Evangelium zwischen den Pranken des Markuslöwen wurde in Kriegszeiten geschlossen dargestellt – im Krieg konnte man keine Worte des Friedens äußern! Aber darüber mehr beim nächsten Rundgang. Auch über die **Löwen** auf dem Campo muss ein Wort gesagt werden. Die zwei größeren seitlich der Terrasse kamen als Kriegsbeute aus Athen hierher, als der Peloponnes 1687 unter der Führung von *Francesco Morosini*, der dann den Beinamen '*il Peloponnesiaco*' erhielt, zurückerobert wurde.

Auf den Löwen stehen noch die Inschriften, die der Senat fünf Jahre später einmeißeln ließ. Außerdem sind auf dem sitzenden linken (angeblich war er vorher ein Brunnen in Piräus) auf Brust, Rücken und Flanken Runenzeichen eingeritzt, die sich wohl darauf beziehen, dass 1040 die *Waräger*, ein skandinavischer Söldnertrupp, im Auftrag des byzantinischen Reiches einen Aufstand in Griechenland gewaltsam niederschlugen. Einer der beiden Löwen auf der rechten Seite, der neben dem Eingang, erinnert

Die Bezeichnung '**Arsenale**' scheint auf eine Verstümmelung des arabischen Wortes '**darsina'a**', Werkstatt, zurückzugehen, von dem auch '**darsena**' (Hafenbecken) abstammt. Der Überlieferung zufolge 1104 gegründet, brachte die Anlage die mächtige Handels- und Kriegsflotte hervor, die Venedigs Geschick und Größe ausmachte. In Zeiten, in denen der Betrieb auf Hochtouren lief, konnten die mit Zinnen versehenen Mauern über 16000 Arbeiter aufnehmen, und es wird berichtet, dass zwölf Stunden ausreichten, um ein komplett ausgerüstetes Kriegschiff zusammenzubauen. Ende 16. Jh. liefen hundert davon in zwei Monaten vom Stapel, was ganz Europa so beeindruckte, dass das Wort "arsenale" seitdem in vierzehn Sprachen übernommen wurde.

an die Rückeroberung der Insel Korfu im Jahr 1716: Ursprünglich stand er auf Delos, einer weiteren griechischen Insel, wo er zusammen mit anderen Löwen aus der *Schule von Naxos* (6. Jh. v. Chr.) eine Terrasse schmückte. Hier fand schließlich das entscheidende Ereignis statt, das am 22. März 1848 zur Vertreibung der Österreicher führte und danach zur Bildung einer provisorischen venezianischen Regierung durch *Daniele Manin* und *Nicolò Tommaseo*: die Besetzung des Arsenale durch seine Arbeiter. Natürlich gibt es auch über diesen Ort Legenden – schon die Steine könnten so manches berichten. Und bei der Geschichte, die Sie nun hören werden, geht es tatsächlich um Steinernes, denn sie berichtet…

4 VOM ZAUBERER MIT DEM STEINERNEN HERZEN

Im November 1719 wurden nach zwei stürmischen Tagen und Nächten neben dem Portal die zerfetzten Körper von zwei Matrosen, einem Malteser und einem Griechen namens Spiropoulos, gefunden. Sie hatten auf zwei Schiffen angeheuert, die aus verschiedenen Häfen kamen und unterschiedliche Ziele anliefen. Auf Grund der eingeholten Informationen ließ nichts vermuten, dass sich die beiden gekannt hatten oder im Moment ihres Todes zusammen gewesen waren. Von den Wachposten des Arsenale aus war nichts Verdächtiges bemerkt worden. Aber was bei den Nachforschungen noch mehr Fassungslosigkeit auslöste, war der Zustand der armseligen Körperreste, die kein Untier hätte schlimmer zurichten können. Die Behörden wollten sicher sein, dass nicht etwa ein Raubtier aus einem Gehege entlaufen sei, aber das war nicht der Fall. Im Volk wurde halb spaßig, halb ernst gemunkelt, dass die Löwen vor dem Arsenale durch irgendeine Hexerei die beiden Armen auf so schreckliche Weise umgebracht hätten. Es waren noch keine sechs Tage vergangen, als nach einer Sturmnacht wieder ein zerrissener Körper aufgefunden wurde. Diesmal war es ein

junger Venezianer, Jacopo Zanchi, der sich mehr schlecht als recht durchschlug und mit seiner Frau Giovanna ganz in der Nähe wohnte.
Die Grausamkeit dieses weiteren Verbrechens löste Panik in der Stadt aus, vor allem weil die neue Gräueltat offenbar nichts mit den ersten beiden zu tun hatte (außer in der furchtbaren Vorgehensweise) und weil der Fall nicht gelöst werden konnte, obgleich die Überwachung verstärkt worden war. Da die Geschehnisse in einem Gebiet vorgefallen waren, das der Rechtssprechung der Marine der Republik unterstand, nahm auch der junge Marineoffizier Enrico Giustiniani an den Untersuchungen teil. Der hörte zwei Tage nach dem letzten Mord auf seinem Weg zum Arsenal in einer Gasse Geschrei und Gezeter. Vor einem Menschenauflauf schimpfte die Frau von Zanchi, die alle als Schlampe kannten, auch weil sie sich gelegentlich prostituierte, zu den Fenstern am gegenüberliegenden Haus hin; dort wohnte ein gewisser "Fosco" oder "Foscaro", ein alter Kaufmann, der angeblich Geld auf Wucherzinsen verlieh. "Du Mörder, du gemeiner Hund!", schrie die Frau wie eine rasende Furie, "du wirst schon nochmal für all das Böse, was du angerichtet hast, zahlen müssen!". Die wenigen, die mutig genug gewesen waren, dazwischenzutreten, wurden bespuckt und mit Fußtritten traktiert, aber bevor Giovanna Zanchi weggebracht wurde, sah der Offizier, wie ein Fenster an dem Nachbarhaus aufging: Dahinter erschien der Mann und zischte die junge Frau voller Verachtung an: "Wir werden ja sehen, wo deine Angriffslust in der ersten Sturmnacht bleibt". Der Verdacht setzte sich in dem Kopf des jungen Seeoffiziers fest, auch wenn er noch nicht wusste, wie er diesen Gedanken untermauern sollte, und außerdem konnte er sich nicht vorstellen, wie der Alte es angestellt hatte, die drei Opfer so schrecklich zuzurichten.
Da der Alte nie aus dem Haus zu gehen schien, dachte Giustiniani, er könne ja inzwischen die Frau auf Schritt und Tritt überwachen; seit dem Tod ihres Mannes ließ sie sich – meist in Begleitung einer Freundin – immer häufiger mit Matrosen und Arbeitern aus dem Arsenale, die Gesellschaft

suchten, ein. Keine zehn Tage danach wütete wieder ein Sturm bis tief in die Nacht hinein. Giustiniani kam nach dem Abendessen aus dem Arsenale und versteckte sich in einem Boot in der Nähe des Portals, von wo aus er den Campo gut übersehen konnte. Viele Stunden verstrichen, bis endlich nach ein Uhr nachts unter dem strömenden Regen ein Feuerbogen aus den nahe liegenden Häusern kam, der vor dem sitzenden Steinlöwen wie durch Hexerei die Gestalt des Alten annahm. Der verzauberte als erstes die Wachen des Arsenale und ließ sie, so wie sie da standen, erstarren; dann ging er einmal um die Statue des Löwen herum, berührte die alten Inschriften mit seinem dürren Finger und las sie mit lauter Stimme vor. Eine leuchtende Kugel bildete sich am höchsten Punkt des Portals, und dann traf der erste Blitz den großen sitzenden Löwen. Der Capitano traute seinen Augen nicht und sah mit offnem Mund zu: Langsam verwandelte sich der steinerne Löwe in ein lebendiges furchtbares Ungetüm. In dem Moment hörte man Stimmen, und da kam auch schon Giovanna mit ihrer Freundin Jolanda von der Riva her um die Ecke. Als ein zweiter Blitz den anderen großen Löwen traf, war der erste schon von seinem Podest heruntergestiegen und hatte sich in eine der Frauen verbissen, während die andere – vor Schrecken gelähmt – keinen Ton herausbrachte. Der Alte sah dem Ganzen aus nächster Nähe ungerührt zu. Giustiniani nahm seinen Mut zusammen, zog den Degen und sprang aus seinem Versteck, gerade als ein weiterer Blitz den dritten Löwen traf und dabei eine grauenhafte Szene beleuchtete: Das erste Raubtier hatte inzwischen den Körper von Jolanda zerfleischt, deren Blut den Boden ringsum bedeckte; das zweite war gerade dabei, Giovanna anzuspringen. Der Alte hatte kaum die Zeit, sich umzudrehen, da hatte der Capitano schon seine Brust durchbohrt. Ein fürchterliches Brüllen und ein blendender Blitz – wie im Zauberbann wurde es still – nur der Regen rauschte. Die regungslosen Löwen, der zerfleischte Frauenkörper auf der Erde, die stumme Giovanna und der schwarz verfärbte Degen des Offiziers daneben.

ANNO
DANIELE
PETRO

Von dem Alten keine Spur, nur ein steinernes Herz bei dem Degen. Er hatte also mit seinem Steinherz den Stein in lebendiges Fleisch verwandelt. Die Wachen kamen aus der Trance zu sich und eilten ihrem Vorgesetzten zu Hilfe, als der dritte Löwen, dessen Körper schon zu Stein geworden war, noch ein letztes Gebrüll ausstieß und seinen Kopf heftig hin und her warf, der plötzlich einige Meter hochstieg und dann explodierte. Eine schwärzliche Substanz bedeckte den Boden ringsum. Über die Angelegenheit wurde Stillschweigen verhängt. Spätere Nachforschungen im Haus des Alten ergaben, dass er nicht nur ein Wucherer, sondern auch ein Hexenmeister gewesen war. Als ihn der junge Zanchi hinterging, dachte er sich diese teuflische Rache aus, und benutzte zu Anfang zwei Unschuldige, um den Verdacht von sich wegzulenken. Nur Zanchis Frau hatte er nicht hinters Licht führen können – ihre Verdächtigungen und ihr Lebenswandel hatte ihn dazu gebracht, sich zu verraten. Giovanna konnte sich über den Tod des Hexenmeisters nicht freuen: Sie hatte den Verstand verloren und endete in den paar Jahren, die ihr verblieben, im Irrenhaus. Was den dritten Löwen angeht, der fehlende Kopf wurde rasch durch einen anderen ersetzt, wie man bis heute sieht.

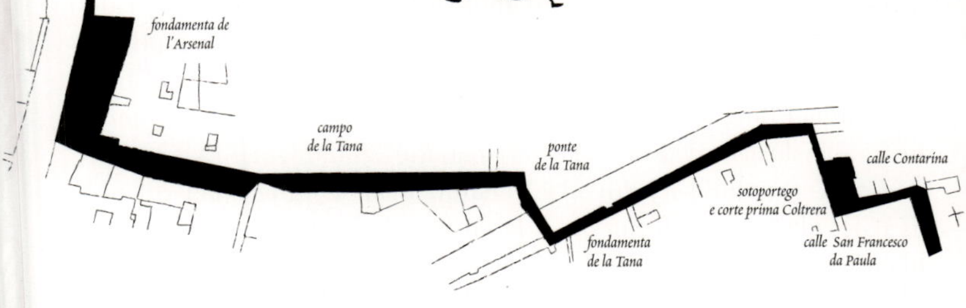

Gehen Sie nun über den *Ponte de l'Arsenal*, auch *Paradies-Brücke* genannt, und dann rechts ab die *Fondamenta de l'Arsenal* entlang. Da, wo der Weg breiter wird, gleich nach dem mit Säulen geschmückten Portal vom Club der Marineoffiziere, biegen Sie links ab zum *Campo de la Tana*, den Sie überqueren, bis er immer schmäler wird und Sie nur nach rechts gehen können. Hinter dem *Ponte de la Tana* stehen Sie dann auf den *Fondamenta de la Tana*, wo sich vor Zeiten etwas sehr Lächerliches zugetragen hat.

Die 1303 erbaute 'Tana' war ein Lager, wo Hanf für öffentliche und private Zwecke produziert und verkauft wurde; Hanf war notwendig für die Herstellung von Tauen und Seilen, mit denen sowohl Handels- als auch Kriegsschiffe ausgerüstet wurden. Sämtliche Schiffstaue durften nur hier gemacht werden. Nach sicheren Quellen leitet sich der Name 'Tana' vom Namen einer Stadt ab, die am Ufer des Flusses Tanai (des heutigen Don) liegt; schon im Jahr 1281 hatten die Venezianer dort einige Handelshäuser, die Hanf nach Venedig lieferten.

Genau hier wurde der Arzt Giuseppe Musalo 1775 eines Morgens handgreiflich gegen Matilde Cassinis, die Tochter eines Marinekapitäns aus dem Paduaner Adel. Der Arzt war überzeugt, das Mädchen sei die Ursache für die Streitereien, die er mit seinen Brüdern hatte. Er fasste sie am Hals, warf sie zu Boden, hob ihre Röcke hoch und begann, sie zu versohlen, "auf das nackte Fleisch der Gesäßbacken" (so die Chroniken), und das unter den Spötteleien der einfachen Leute, die neugierig um die beiden herum standen. Wegen dieser wenig ritterlichen Tat wurde Musalo aus Venedig verbannt, aber die Angelegenheit war so pikant, dass gleich ein burleskes Sonett über den Vorfall in der Stadt zirkulierte. Bevor Sie auf der linken Seite weiter die Fondamenta hinuntergehen, achten Sie kurz vor der Brücke auf das Haus n° 2077, in dem der Patriot *Domenico Moro* (über den wir ja bereits berichtet haben) wohnte. Wie Sie wohl schon bemerkt haben, gibt es nirgends auf der Welt eine

Nummerierungsweise der Häuser wie in Venedig. Ganz früher gab es eine offizielle Zählung in zwei Reihen ansteigender Zahlen; dann bekam jeder Sestiere eine eigene Zählung, die bis heute besteht; sie geht – oft etwas chaotisch durch im Laufe der Jahrhunderte erfolgte Abriegelungen, neu hinzugekommene oder abgerissene Gebäude – von der Nummer 1 des ersten Hauses bis zu der des letzten. Deshalb hat **Castello** etwa 6828 Nummern, **Cannaregio** 6426, **San Marco** 5562, **San Polo** 3144, **Santa Croce** 2359, **Dorsoduro** 3964 und die Insel **Giudecca** 971 – die Zahl schwankt fast jährlich.

Lassen Sie den Kanal und die hohen Mauern des Arsenale zu Ihrer Linken und gehen Sie weiter die *Fondamenta de la Tana* entlang, bis kurz hinter einer sanften Kanalkurve auf der rechten Seite der *Sotoportego Coltrera* vor Ihnen liegt, der zu dem gleichnamigen Hof führt. Den überqueren Sie und gehen dann in die *Calle Contarina*.

In der Stadt gibt es viele Orte, die ihren Namen den *Contarini* verdanken, einer der ältesten und angesehensten venezianischen Adelsfamilien, aus der acht Dogen hervorgingen. Von einem Contarini, Andrea, der von 1368 bis 1382 an der Spitze der Republik stand, wird erzählt, er habe sich als junger Mann in die Nonne eines Klosters der Celestia verliebt. Bei ihrem ersten amourösen Treffen innerhalb der Klostermauern habe Andrea gleich am Anfang gefragt, was denn der Ring bedeute, den sie und ihre Mitschwestern am Finger tragen. Auf die Antwort hin, der Ring symbolisiere die Vereinigung mit Christus, überkam ihn tiefe Reue und er gab jeden weiteren Verführungsgedanken auf. Er erfand eine Entschuldigung, verabschiedete sich von der jungen Nonne und wollte zu seiner Gondel zurück, als ihm ein Kruzifix am Weg (der Legende

zufolge) dankbar zunickte – und Contarini soll just in diesem Moment seine zukünftige Ernennung zum Dogen visionär vorausgesehen haben. Am Ende der *Calle Contarina*, wenn Sie an der *Calle San Francesco da Paula* sind, biegen Sie nach rechts ab. Ein paar Meter und Sie sind in der *Via Garibaldi*, einer der bekanntesten Straßen des Sestiere. Nun etwa 100 m nach links und Sie sehen zur Rechten einen kleinen Platz mit einem großen Standbild und dahinter eine Allee: Das ist das Denkmal, das Venedig demjenigen zu Ehren errichtet hat, der Italien zu einer Nation machte: *Giuseppe Garibaldi* (1807-82).
Seine legendären Schlachten gegen die österreichische und die französische Vorherrschaft auf italienischem Boden hatten schon 1833 begonnen; sie erreichten 1860 ihren Höhepunkt in der "Expedition der Tausend".
Am 5. Mai des Jahres 1860 schiffte sich der General mit tausend bewaffneten Männern zu seinen Diensten in Norditalien ein; sie alle trugen rote Hemden – die einzigen, die in so großer Anzahl in einem Fabriklager aufzutreiben waren. Garibaldi landete in Sizilien und eroberte die Insel in wenigen Wochen. Im September folgte Neapel. Am 26. Oktober legte er dem König Vittorio Emanuele seine Eroberungen zu Füßen und hatte damit im Grunde die Halbinsel geeinigt. Venedig musste bis 1866 auf den Einzug der Garibaldi-Truppen warten. Noch im selben Jahr wurde die Allee nach ihm benannt; das Denkmal wurde später eingeweiht.

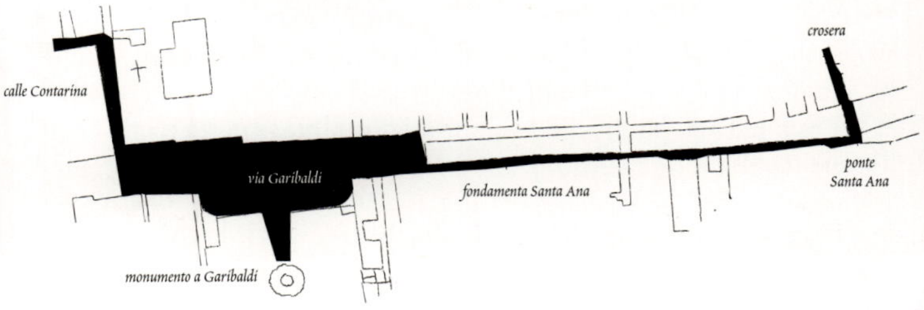

Gehen Sie jetzt um das Denkmal herum: die Statue des Wachsoldaten hinter Garibaldi war anfänglich nicht da, sie wurde später hinzugefügt, und zwar infolge einer unglaublichen Geschichte, die wir nun erzählen, die Geschichte…

5 VOM SOLDATEN, DER ÜBER DEN TOD HINAUS TREU BLIEB

"Ich schwör's! Da war keiner, und dann springt der Schatten aus dem Nichts hervor und haut auf mich ein. Genau hier, schaut!". Vinicio Salvi war bestimmt kein Angeber. Er arbeitete hart, war Vater von fünf Kindern und galt in Castello als anständiger Kerl, der keiner Fliege etwas zuleide tun und erst recht nicht lügen konnte. Aber das, was er an jenem Morgen in der Osteria als Erklärung für die blauen Flecken an seinem Arm vorbrachte, war schon schwer zu glauben.

"Ich hab's doch schon zigmal gesagt! Es war ein Gespenst! Ich bin so durch den Garten und habe Schnecken fürs Mittagessen gesucht, wie jeden Freitag Abend. Nur dass diesmal, als ich an das Monument rankam, der Schatten raus sprang und mich am Arm traf. Und dabei wisst ihr doch auch, dass bei der Statue keine Bäume sind. Ich schwör's, da war niemand: und außerdem – wohin hätte der denn laufen können? Wie der Schatten aufgetaucht ist, ist er auch wieder im Nichts verschwunden. Rot war er!".

Damals im September 1921 wirbelte die Nachricht viel Staub im Viertel auf und teilte die Bewohner in zwei Gruppen: Die einen glaubten dem Salvi und die anderen meinten ironisch, der "rote Schatten", den Salvi gesehen hatte, konnte nur aus der Osteria stammen (der offene Wein, der in den Kneipen glasweise ausgeschenkt wird, heißt auf Venezianisch 'ombra', Schatten). Die Angelegenheit war rasch vergessen, auch weil an den folgenden Abenden niemand in die Allee ging, vielleicht tatsächlich aus Angst vor dem weiteren Überfall. Aber genau eine Woche nach dem

ersten Auftritt wird ein Liebespaar, das sich in der Nähe des Denkmals in die Büsche geschlagen hatte, von einem "roten Schatten, der blitzschnell ankam" verprügelt, und am nächsten Abend kriegt ein Fischer von einem "übernatürlichen Wesen wie ein roter Schatten" eine üble Beule am Kopf ab, weil er zu nahe an Garibaldis Standbild herangekommen war.
Die Sache konnte einfach nicht mehr ignoriert werden; daher wurde gleich ein Bewachungskomitee in der Gegend organisiert. Am Abend nach dem Angriff auf den Fischer stellten sich gut fünfzehn Männer in der Allee nahe beim Garibaldi-Denkmal auf. Alles ging gut bis gegen ein Uhr, halb zwei, bis zwei der Männer beschlossen, sich das Denkmal genauer anzusehen: Sie hatten noch nicht mal die Hand auf das Geländer gelegt, als ein roter Blitz auf sie zuschoss und sie in Windeseile zu Boden warf.
In dem Moment, als die anderen den beiden armen Kerlen zu Hilfe kamen, nahm der Schatten vor dem Monument menschliche Gestalt an. Er war genau wie ein "Rothemd" ausstaffiert und sah die Gruppe herausfordernd an, ohne zu sprechen. "Ma quelo xe Bepi, Bepi el garibaldin!" (das ist doch Beppi der Garibaldiner). Die anderen drehten sich um und schauten Tino an. Sie hatten den nicht gerade hellen Siebzehnjährigen nur mitgenommen, um ihm einen Gefallen zu tun. "Welcher Bepi?!" – "Der alte Bepi", antwortet der Junge, "der, der sich immer vor die Statue hingesetzt hat und todernst sagte: Ich werde immer meinen General von hinten bewachen! Und wenn ich mal nicht mehr sein werde, tu ich das weiter vom Paradies aus. Seht ihr nicht, dass der das ist?".
Obgleich die Situation, ein echtes Gespenst vor sich zu haben, völlig unglaubwürdig erschien, mussten auch die anderen zu guter Letzt einsehen, dass der Junge recht hatte: Die Erscheinung, die vor ihnen stand, war niemand anders als Giuseppe Zolli, wenn auch wesentlich jünger.
Der Mann war im Juli 1838 in Venedig zur Welt gekommen; er hatte als Kind die revolutionären Aufstände gesehen, die zehn Jahre später ganz Europa erschüttern sollten, und hatte in seiner Jugend, da er ein

überzeugter Patriot war, als einer der Tausend an Garibaldis legendärem Kriegszug teilgenommen. Er war vor kurzem gestorben und hatte über den Tod hinaus seinen Treueid dem gegenüber gehalten, der ein Leben lang sein Held war. Danach zogen alle wohlgeordnet ab. Diesmal verbreitete sich die Nachricht wie ein Lauffeuer und die Wachen, die vorher dazu gedient hatten, hinter das Geheimnis zu kommen, mussten nun die Neugierigen in Schach halten. Und wenige Wochen später kam nach Volkswillen eine weitere Statue auf das Denkmal: die des Garibaldiners, der hinter seinem General aufpasst, dass ihm kein Leid geschieht. Der Soldat hat die Gesichtszüge des jungen Zolli.

Die sterblichen Überreste des Garibaldiners werden noch immer in Venedig aufbewahrt, und zwar in dem schönen Urnenfeld des Friedhofs auf der Insel San Michele. Seine Grabinschrift lautet: “In Treue gegenüber den Lehren Mazzinis und den Träumen seines Führers Garibaldi, mit Herz und Sinn bei unsren noch unfreien Landesteilen”. Neben seiner Urne stehen die der zwei Söhne, Euclide und Mameli.

Gehen Sie nun ein paar Schritte zurück und dann die *Via Garibaldi* hinunter; wenn Sie am Kanal ankommen, gehen Sie die *Fondamenta Santa Ana* auf der rechten Seite entlang bis zur zweiten *Brücke*. Sie sollten jetzt die Brückenstufen hinaufsteigen und sich umdrehen und das betrachten, was noch von der **Kirche** und dem **Kloster von Sankt Anna** übrig ist.

Denn hier lebten zwei von *Tintorettos* Töchtern als Nonnen, Altura und Perina, über die wir ja schon beim ersten Rundgang gesprochen haben. Für den Altar ihrer Kirche stickten sie jahrelang an einem seidenen Gobelin, auf dem die Kreuzigungsszene so abgebildet war, wie sie ihr Vater für die **Scuola di San Rocco** gemalt hatte. Als der Wandteppich fertig war, soll eine der beiden blind geworden sein.

Der Eremit **Giacomo da Fano**, ein Augustinermönch, kaufte das Land 1242 und errichtete hier **Kloster** und **Kirche** – beides der Hl. Anna und der Hl. Caterina geweiht. Der Gebäudekomplex, der 1304 an die Benediktinerinnen ging, wurde im Lauf der Jahrhunderte mehrfach umgebaut.

Auch *Arcangela Tarabotti*, die nicht aus freiem Willen Nonne geworden war, lebte hinter diesen Mauern. Als junge Frau hatte sie ihre tiefe Abneigung gegenüber den Regeln des Klosterlebens, zu dem sie ihr Vater gezwungen hatte, in zwei Schriften zum Ausdruck gebracht: *Die väterliche Tyrannei* (posthum unter dem harmlosen Titel *Die betrogene Unschuld* erschienen) und *Die klösterliche Hölle*. Dank des vermittelnden Eingreifens des Kardinals *Federico Corner* (der 1631 Patriarch war) hat sie sich schließlich doch in ihr Schicksal ergeben und verfasste dann einige Werke über Askese. Vor ihr war ein anderes Mädchen zum Klosterleben gezwungen worden. Aber bei ihr ging das schlechter aus – seit mehr als sechshundert Jahren spukt sie als stummes Gespenst in dieser Gegend. Es ist der Geist von *Chiaretta Loredan*, auch bekannt als Gespenst…

6 VON DER UNGLÜCKLICHEN NONNE

Die Loredan sind eine bedeutende venezianische Adelsfamilie. Chiaretta, die kleine Tochter von Lorenzo Loredan, verliebte sich in Sauro, einen armen Zimmermann aus dem Arsenale, und war entschlossen, ihn auch gegen den Willen ihres Vaters zu heiraten. Der Patrizier war darüber empört und sperrte sie kurzerhand ins Kloster: "Wenn du schon einen Zimmermann willst, dann nur den aus Nazareth". Das Mädchen gab sich aber nicht geschlagen, nahm heimlich Kontakt mit ihrem Liebsten auf und machte Fluchtpläne, ohne zu wissen, dass die Mitschwestern aus Mitleid schon nach dem Vater geschickt hatten, damit er seine Entscheidung überdenke und sie nach Hause hole.

Genau an dem Abend, an dem Chiarettas Flucht stattfinden sollte, kam der Vater in seiner Gondel zum Kloster. Er sah, wie sie sich an der Seitenmauer herunterließ, um in Sauros kleines Boot zu gelangen. Vor Wut rasend, zog er das Schwert, durchbohrte seine Tochter und verletzte den Jungen schwer. Dann verfluchte er die Sterbende mit den Worten: "Du sollst in diesem Kloster umherirren, bis nur noch Staub davon übrig ist". Am Tag darauf fanden die Nonnen die beiden Liebenden. Der junge Mann konnte zwar gerettet werden, aber bei der armen Chiaretta kam jede Hilfe zu spät – man konnte sie nur noch innerhalb der Klostermauern begraben. Sauro nahm seine Arbeit im Arsenale wieder auf, trat jedoch nach ein paar Monaten ins Franziskanerkloster auf der Insel San Francesco del Deserto ein. Der Fluch des grausamen Vaters erfüllte sich: Chiarettas Geist fing an, still in Gängen, Gärten und im Umfeld des Klosters umherzuirren. Aber sie erschreckte niemanden, im Gegenteil – ihre Erscheinung löste Mitleid und Anteilnahme aus.

Mehrere Jahrzehnte nach diesem dramatischen Geschehen ereignete sich etwas Ähnliches in der Gegend. Nur wenige Meter vom Kloster entfernt lebte ein armes schönes Mädchen, das einen Handwerkersohn liebte, der ihr Gefühl erwiderte. Der Vater des jungen Mannes, der eine vorteilhafte Heirat für seinen Sohn im Auge hatte, war strikt gegen die Verbindung und vereitelte jedes Treffen der beiden.

Von Liebeskummer überwältigt, beschließt das Mädchen eines Abends, sich das Leben zu nehmen. Aber es kommt nicht dazu: In dem Augenblick, als sie das Fläschchen mit dem Gift an die Lippen setzt, sieht sie eine schmale, körperlose Gestalt neben sich. Es ist Chiaretta: Sie reißt ihr die Giftampulle aus der Hand, wirft einen Beutel auf den Boden und verschwindet. Als das Mädchen sich von dem Schrecken erholt, nimmt sie den Beutel und schnürt ihn auf, um zu sehen, was darin ist: lauter Goldmünzen. Bei dem Anblick bricht sie in Tränen aus, und just in dem Moment tritt ihr junger Freund ins Zimmer. "Was mein Vater will, ist unwichtig, sagt er, als er sie weinen sieht, ich kann nicht ohne dich leben". Und sie konnte nicht umhin, ihm den Schatz zu zeigen und von dem Gift und der geheimnisvollen Nonne zu erzählen. Kurz darauf verlobten sich die beiden, eröffneten dank des Geschenks der göttlichen Vorsehung ein florierendes Geschäft und lebten glücklich und zufrieden. Nur das Gespenst der unglücklichen Nonne irrt noch immer in den alterwürdigen Mauern von Sankt Anna umher und beweint sein trauriges Geschick. Das Kloster, das sehr verwahrlost war, ist vor kurzem renoviert worden, und so besteht wenig Hoffnung, dass es zu einem Trümmerhaufen zerfällt, damit Chiaretta endlich Ruhe finden kann. Aber wenn Sie ihr begegnen und ihr zeigen, dass Sie glücklich sind, dann können Sie wenigstens einen Moment lang den Kummer lindern, der sie seit Jahrhunderten quält.

Setzen Sie nun Ihren Weg über die Brücke fort. Sie gehen die *Crosera* entlang, bis Sie zum breiten *Campo Ruga* kommen. Überqueren Sie ihn in seiner ganzen Länge, aber bevor Sie in die *Salizada Streta* gehen, wenden Sie sich kurz dem interessanten *Sotoportego Zurlin* rechts von Ihnen zu und gehen Sie bis an sein Ende. Wenn Sie den gleichnamigen inneren Hof überqueren und dann an das Tor treten, das auf den *Canal de San Piero* geht, können Sie die große Brücke und den Glockenturm sehen, an denen unser Rundgang bald endet. Der düstere Durchgang, in dem Sie stehen, heißt nach der reichen Familie, die hier – den Chroniken zufolge – bereits 1713 zahlreiche Häuser besaß.

Zur selben Familie gehörte (so meint *Emmanuele Antonio Cicogna*, der berühmte Autor der *Inscrizioni Veneziane*) auch jener Zurlino, der sich weigerte, zusammen mit den anderen Gemeindegliedern einen Beitrag zu leisten, als eine Kappelle in der nahen **Kirche San Pietro** ausgemalt werden sollte. Dafür hat ihn dann der Maler *Pietro Ricchi* auf der großen Darstellung der Hl. Drei Könige in der letzten Kappelle des rechten Seitenschiffs entsprechend porträtiert: in der Figur, die kaum die Augen von einer Schatulle lösen kann.

Genau hier, im schaurigen Durchgang des *Sotoportego Zurlin*, geschah zu Beginn des 20. Jhs. das Aufregendste und Unerklärlichste, was sich je in der Geschichte des Viertels zugetragen hat: die Geschichte…

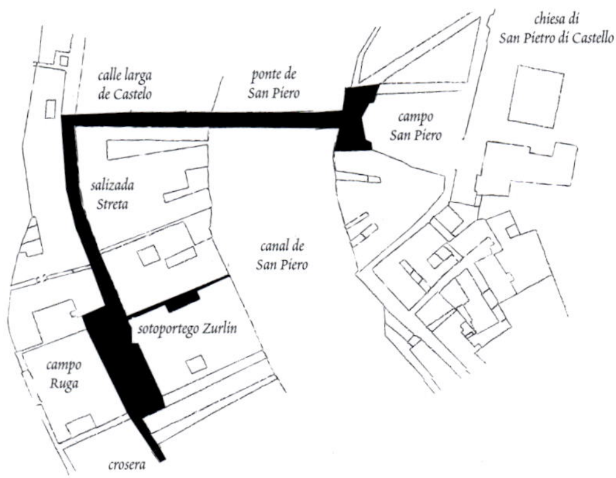

7 VOM SCHAL DER TOTEN

Es war in einer Novembernacht 1919, und zu den Folgeerscheinungen des Ersten Weltkrieges kam noch eine ungewöhnliche Kältewelle hinzu, die den vielen armen Familien in der Gegend sehr zusetzte. Es schneite, als der Leibarzt des Patriarchen, Dr. Antonio Salvatici, nachts in dessen überdachter Gondel den Kanal hinunterfuhr. Der Arzt, ein damals bedeutender Neurologe, hatte sich verspätet, weil er noch einen alten Prälaten in der Kurie behandelt hatte; daher wurde er nun vom Gondoliere des Patriarchen nach Hause gerudert. "Hilfe, ich bitte euch, helft mir!", rief es plötzlich. Als die Gondel auf der Höhe der Einfahrt zur Corte Zurlin war, hörte Salvatici noch immer die Hilferufe und befahl dem Ruderer, anzulegen. Am Ufer stand vor Kälte und Nässe zitternd ein schmächtiges junges Mädchen, das in einen verschlissenen Schal gehüllt war; der Schnee peitschte ihr ins Gesicht. "Herr Doktor, ich bitte Sie, meiner Mutter geht es sehr schlecht. Ich flehe Sie an, kommen Sie zu uns und untersuchen Sie sie ". Nach kurzem Erstaunen darüber, dass das Mädchen, das er nie zuvor gesehen hatte, ihn als Mediziner erkannte, nahm der alte Salvatici eilig seine Arzttasche und folgte ihr ins Innere des Hofes in eines der Häuser, die noch immer hier stehen. Er stieg die Treppe hinauf und trat in eine klamme Wohnung; da lag eine kranke Frau, die er sofort als seine ehemalige Hausangestellte erkannte. Sie hatte eine schwere Lungenentzündung. Salvatici tat sein Bestes, um ihr zu helfen, und beglückwünschte sie zu ihrer fürsorglichen Tochter: "Nicht jeder wäre bei so einem schrecklichen Wetter hinausgegangen, um einen Arzt zu suchen. Und es wäre gefährlich gewesen, auch nur die paar Stunden bis morgen früh abzuwarten". Daraufhin sah ihn die Kranke überrascht an und murmelte traurig: "Aber meine Tochter ist vor einem Monat gestorben!". Der Arzt wollte ihr nicht glauben, aber die Frau wirkte entschieden und sagte zu ihm: "In dem Schränkchen da sind noch ihre Schuhe und ihr Schal!". Salvatici ging hin und sah nach: Es war genau der Schal, in den das Mädchen, das ihn um Hilfe gebeten hatte, gewickelt

war. Er lag da, trocken und sauber zusammengefaltet – niemand konnte ihn im Schneesturm draußen umgehabt haben. Die nachfolgenden Ermittlungen verliefen ergebnislos – das Mädchen, das ihn zu der Kranken gebracht hatte, konnte nicht gefunden werden.

Gehen Sie nun zurück und nach rechts in die *Salizada Streta* hinein. Nach einem kurzen Wegsstück kommt rechts die *Calle larga de Castelo*, die Sie über den *Ponte de San Piero* auf die Insel San Pietro di Castello bringt, wo auf dem *Campo San Piero* vor Ihnen die mächtige **Kirche San Pietro di Castello** in den Himmel ragt. Sie war bis zum Jahr 1807 die Kathedrale von Venedig; danach ging der Titel an San Marco über.
Im Inneren der Kirche steht der imposante **Thron des Hl. Petrus**, auf dem der Apostel dem Volksglauben zufolge während seines langen Aufenthalts in *Antiochien* gesessen haben soll. Die Legende besagt, der Petersthron habe während der Überführung aus der iranischen Festung Takht-I-Sulaiman (Salomonsthron) nach Europa als sicheres Versteck für den *Heiligen Gral* (den Kelch, aus dem Christus trank) gedient. Den großen Sessel, der die wertvolle Reliquie enthielt, hatten die *Sufisten*, die islamischen Mystiker, *Friedrich II.* durch deutsche Kreuzfahrer übergeben lassen. Friedrich II. soll den Gral dann in dem achteckigen Kastell Casteldelmonte in Apulien aufbewahrt haben.
Als Erinnerung an diesen unglaublichen Fund befindet sich am Dom von Bari eine Darstellung des *König Artus'*, auf der das Versteck stilisiert angezeigt ist. Der Thron selbst kam erst später nach Venedig; seine Rückenlehne besteht aus einer islamischen Grabstele, die auf beiden Seiten mit arabischen Motiven und Koranversen verziert ist.

Auf der Insel, die ursprünglich *Olivolo* hieß wegen der zahlreich vorhandenen Olivenbäume oder vielleicht auch wegen ihrer Form, die einer Olive ähnelt, siedelten sich die ersten Bewohner an, die das Inselreich gründeten, aus dem später die Serenissima mit ihrer tausendjährigen Geschichte werden sollte. Wenn Sie Glück haben und in der richtigen Jahreszeit ankommen, könnten Sie in dem traditionellen **Fest von San Pietro di Castello** landen oder in einer der vielen Feiern, die die Bewohner des Sestiere während des Karnevals organisieren, der im Januar oder Februar in der Stadt wütet. Als die Patriarchen von hier weggingen und nach San Marco umzogen, besetzten die Pfarrer, die daraufhin kamen, gleich eines der Häuser links von der Kirche. Einer von ihnen stand dann am Anfang des 19. Jhs. unfreiwillig im Mittelpunkt der Geschichte…

8 VON DEM TOTEN, DER HEIRATEN WOLLTE

Ennio und Tosca gingen schon jahrelang miteinander. Er war aus Venedig, und zwar aus Castello, und sie aus Treviso, wo er sie auf einer seiner Geschäftsreisen kennen gelernt hatte. Die beiden sahen sich zwar nicht oft, hatten aber einander doch ewige Liebe versprochen, ja sogar einmal geschworen, sie würden heiraten, lebendig oder tot.

Als der junge Mann eines Tages von einer Florenzreise zurückkam, fühlte er sich plötzlich sehr elend und starb innerhalb weniger Stunden, ohne dass man seine Liebste hätte benachrichtigen können. Als Tosca nachts im Bett lag, hörte sie Ennios Stimme im Hof. Sie lief gleich zum Balkon, und als er sie oben stehen sah, rief er ihr zu: "Schnell, mach dich fertig und komm herunter, dann fahren wir nach Venedig und heiraten – sag aber niemand etwas davon!". Tosca stutzte zwar, ließ es sich aber nicht zweimal sagen, da sie verliebt war, und stand schon neben ihm. Nach einem guten Stück Weges, das sie schweigend zurückgelegt hatten, zog sie ein Stück

Brot hervor, das sie als Proviant mitgenommen hatte, und bot es ihm an. "Weißt du denn nicht, dass die Toten nicht mehr essen müssen?", antwortete er; ein Wirbelwind trug sie nach San Pietro di Castello.

Tosca war starr vor Schreck, weil sie die Situation erfasste, fand aber nicht einmal den Mut zu schreien. Als Ennio vor dem Pfarrhaus zu ihr sagte: "Warte hier auf mich, ich will nur die Trauzeugen holen", da entschloss sie sich, Hilfe zu suchen, und rief laut nach dem Pfarrer. "Was ist denn los? Warum kommt ihr und weckt mich zu dieser Nachtstunde?", fragte der Priester. "Um Gottes willen, machen Sie mir doch schnell auf!", flehte Tosca. Als der Geistliche sah, in welchem Zustand sie war, dachte er nicht lange nach, kam schnell herunter und ließ sie ein. Sie war außer sich und begann zu erzählen, was gleich stattfinden sollte, aber der Pfarrer glaubte ihr nicht und meinte, die Arme sei verrückt. Als er jedoch aus dem Fenster sah, wurde er blass: Ennio kam gerade mit einer Musikantengruppe. Der Priester wusste nur zu gut, dass er ihn vor wenigen Stunden begraben hatte und dass das, was er sah, Seelen der Verdammnis waren. "Ich will meine Braut haben!", schrie der junge Mann, "wir haben uns einmal geschworen, dass wir heiraten, lebendig oder tot!".

"Hebe dich hinweg, Seele der Verdammnis!", entgegnete der Priester, "du und deine Begleiter!"

Aber Ennio insistierte: "Nein, ich will wenigstens den Ringfinger, sonst lasse ich ihr keine Ruhe!". Die Priester wandte sich an das Mädchen: "Da bleibt nichts anderes übrig…"; und er nahm ein Messer, schnitt ihr den Ringfinger ab und warf ihn aus dem Fenster. Den fing Ennio im Flug auf und verschwand sofort mit all den Musikanten. Danach lag wieder Totenstille über dem Campo.

Tosca erholte sich nicht mehr von dem Schrecken. Ihr Gemüt war zerrüttet, ja sie weigerte sich, heimzugehen. Der alte Geistliche nahm sie gern bei sich auf, aber eines Abends verschwand sie und kam nie wieder. Seitdem kann man sie nachts vor der Kirche sehen. Sie trägt elegante

Kleider im Stil des *Fin de Siècle*, als wolle sie auf eine Hochzeit. Sie geht unruhig auf und ab, sucht nach ihrem Finger und klagt, denn wie kann sie ohne Ringfinger in die Kirche und heiraten.

Bevor Sie zurückgehen, sollten Sie sich das große **Portal** nahe beim Glockenturm neben dem Eingang zum Kreuzgang genauer ansehen. Es ist seit langem zugemauert, und dennoch sieht man hier gelegentlich eine Gestalt in einem schwarzen Umhang herauskommen und dann an der Ecke dahinter ins Nichts entschwinden. Manche meinen, es handle sich um den Geist eines Mönches, der nachts immer aus diesem Tor zu den Treffen mit seiner Geliebten eilte.

Hier ist nun also auch unser zweiter Rundgang zu Ende.
Vergessen Sie nicht, heute Nacht gut zuzuschließen. Wir wünschen Ihnen eine ruhige Nacht und möchten noch bemerken, dass im Viertel…

eine volkstümliche Legende erzählt wird, nach der die Mutter des Hl. Petrus ihr Leben lang schlecht, egoistisch und neidisch war und so nach ihrem Tod in die Hölle landen musste. Als Petrus sie bei seiner Ankunft im Paradies nicht sieht, sucht er überall. Nachdem Paradies und Purgatorium erfolglos durchgeforstet waren, wollte er absolut nicht einsehen, dass es nur noch die Hölle sein konnte, aber schließlich blieb ihm nichts andres übrig. Er rannte zu Gott und bat ihn mit Tränen in den Augen, sei-

ne Mutter zu retten und von unten heraufzuholen. "Es tut mir sehr leid, Petrus, antwortete Gottvater, du weißt doch, das geht nicht. Nimm mal das Seelenregister und sieh nach, ob nicht unter all den Schlechtigkeiten, die deine Mutter begangen hat, wenigstens eine gute Tat zu finden ist". Petrus nahm das Buch, schaute es von vorn bis hinten durch, aber er konnte nur Übeltaten entdecken. Er hatte schon alle Hoffnung aufgegeben, als sein Blick auf eine kleine Notiz unten auf einem Seitenrand fiel, wo stand: "Hat ein Radicchioblatt verschenkt". Das war recht wenig, aber Petrus lief zu Gott und erzählte ihm von dieser guten Tat. Der freute sich mit Petrus und sagte einfühlsam: "Geh mit dem Radicchioblatt zu deiner Mutter und ziehe sie daran herauf".
Sankt Peter stieg nun leichten Herzens hinab und setzte den Rat Gottes in die Tat um. Als seine Mutter schon fast aus der Hölle war, bemerkte sie jedoch, dass sich andere verdammte Seelen in der Hoffnung auf Rettung an sie geklammert hatten. Wütender denn je fing sie an herumzuschreien und versuchte, die armen verzweifelten Seelen abzuschütteln, um nur sich in Sicherheit zu bringen. Bei all dem Geschubse brach das Blatt, und die Mutter des Heiligen stürzte endgültig in die Hölle hinunter. Aber der Herr in seiner unendlichen Güte ließ Gnade vor Recht walten: Zum Trost bewilligte er Petrus, dass sie einmal im Jahr für vierzehn Tage herauf kommen darf, sieben Tage vor und sieben nach dem Fest des Apostels. Aber diese schreckliche Person ist immer noch voller Hass und Groll und bringt jedes Jahr in der Zeit Wind, Unwetter und Stürme mit; daher tut sie keinem mehr Leid, und alle können es kaum abwarten, bis sie endlich wieder dahin zurückgeht, wo sie hergekommen ist.

III

DER SEUFZER DES ABGETRENNTEN KOPFES

VON DEM ERTRUNKENEN MIT DEM KOPF SEINER FRAU

VOM TEUFEL UND DER IHM ZUGESPROCHENEN SEELE

VON DER PRINZESSIN OHNE KAISERREICH

VON DER VERSPROCHENEN BRAUT

VON DER DAME IN WEISS

VON DER ARMEE, DIE EIN MÖRSER IN DIE FLUCHT SCHLUG

1
2
3
4

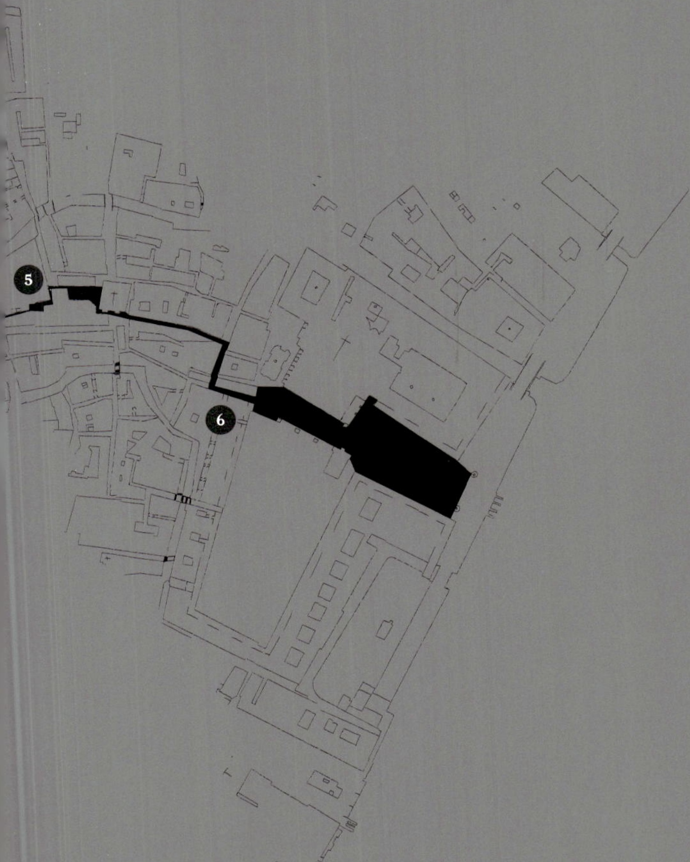
5
6

Unser drittes Treffen mit dem Gruseln beginnt wieder im Sestiere **Cannaregio**, und zwar auf dem *Campiello del Remer* am Canal Grande, gegenüber vom Obst- und Gemüsemarkt der Stadt an der *Rialtobrücke*, in dem Teil, der den **Fabbriche Vecchie e Nuove** gegenüberliegt. Zum Campiello gelangt man vom *Campo San Giovanni Grisostomo* aus über die *Calle de la Stua*, dann durch *Corte und Sotoportego del Remer*. Ein kurzes Stück unsres Weges liegt dann in **Castello** und findet seine Fortsetzung in dem berühmtesten Sestiere, im Sestiere **San Marco**.

Die **Fabbriche Vecchie e Nuove** wurden im Jahr 1522 von Antonio Scarpagnino, bzw. 1555 nach Sansovinos Entwurf erbaut, um die Justizbehörden und die staatlichen Stellen für Geldwechsel und Handel aufzunehmen. Heute sind hier die Assisen des venezianischen Gerichts untergebracht.

Diese Gegend hat in der Filmgeschichte Bedeutung, da sie in vielen der zahllosen in Venedig gedrehten Filme vorkommt. Nur wenige wissen jedoch etwas über die düsteren Geister, die sich hier seit Jahrhunderten herumtreiben; einer der ungeheuerlichsten ist sicherlich der…

I VON DEM ERTRUNKENEN MIT DEM KOPF SEINER FRAU

Lehnen Sie sich nicht zu weit über den Kanalrand hinaus, denn es könnte passieren, dass vor Ihnen – wie schon mehrfach in den vergangenen Jahrhunderten – der Körper von Fosco Loredan mit dem Kopf seiner Frau in Händen auftaucht. Loredan, ein junger Adliger, war ein Hitzkopf und sehr eifersüchtig auf die schöne Elena, die reizendste unter den Töchtern des Pietro Grimani, dessen Bruder Marino damals Doge war. Eines Abends im Jahr 1598 ging der Doge durch diese Gegend, als er die Angstschreie einer Frau hörte, die er gleich darauf zum Campiello del Remer rennen sah; hinter ihr her lief ein Edelmann mit gezogenem Schwert. Er rannte den beiden nach und kam gerade noch dazu, sich dem Mann in den Weg zu stellen, als er in den beiden Fosco und seine Nichte Elena erkannte. "Mit welchem Recht trittst du zwischen mich und meine Frau", schrie der junge Mann, der sein Gegenüber nicht erkannt hatte, "ich bringe sie um, wie es mir zusteht". "Nein, das wirst du nicht tun, auf alle Fälle nicht, bis ich weiß, was sie sich hat zuschulden kommen lassen".

"Doge, ... Ihr seid's!", rief Fosco, als er begriff, wer vor ihm stand, "diese Frau, deine Nichte, hat mich hintergangen. Sie war mir untreu, und so ist es mein Recht, sie zu töten". "Das stimmt nicht", sagte die Dame, "er ist nur rasend eifersüchtig. Die Eifersucht zerfrisst ihn, selbst wenn er isst oder schläft – überall sieht er nur Schlechtes. Ich habe einen jungen Cousin, ein Mocenigo, so jung, dass er mein Sohn sein könnte – sogar auf den ist er eifersüchtig und malt sich die obszönsten Dinge aus. Onkel, bitte rette mich – der hat kein Mitleid". "Ich beschütze dich", antwortete der Doge. Daraufhin lenkte Fosco zum Schein ein und sagte: "Gnädiger Herr, ich achte Euren Willen und werde das tun, was Ihr beschließt". "Oh, sei achtsam, Doge, ich kenne ihn, er ist hinterhältig", rief die schöne Elena. "Hab keine Angst, du stehst unter meinem Schutz, er kann dir nichts antun! Lasst uns nun weitergehen". Aber während der Doge sein Schwert wegsteckte, schrie Loredan plötzlich: "Schaut euch um! Da sind bewaffnete Männer". Der Doge dreht sich um, und schon sprang Loredan auf seine Frau zu und schlug ihr den Kopf ab. Dann bespuckte er den armen Körper ohne Kopf und beschimpfte ihn. Bei diesem Anblick verlor der Doge Grimani, sonst ein bedachter, kühler Mann, die Beherrschung und zog mit wutverzerrtem Gesicht sein Schwert. Loredan begriff das Ungeheuerliche seiner Tat: Da er nicht den Mut hatte, den Dogen anzugreifen, warf er sich ihm zu Füßen. "Steh auf, du Feigling, und gehe als Mann in den Tod", sagte der Doge wutentbrannt. "Nein, ich flehe um Mitleid ... habt Erbarmen, im Namen Eures hohen Standes". Grimani, den seine Wut bestürzte und die Feigheit dieses Kerls anekelte, lehnte sich zitternd wie erstarrt an die Mauer, als sein Blick auf den

blutverschmierten Kopf auf dem Boden fiel: Er hatte einen lieblichen Gesichtsausdruck. “Sagt mir, was meine Strafe sein soll”, winselte Fosco Loredan, “ich werde alles tun, nur lasst mich am Leben”. Da kochte Grimani über und sagte: “ Ich werd’s dir sagen. Du nimmst diesen Leichnam auf deine Schultern und hältst den abgeschlagenen Kopf Tag und Nacht in deinen schmutzigen Händen und gehst so nach Rom zum Papst. Wenn du vor ihm stehst, zeigst du ihm, was du angerichtet hast. Er soll über dein Geschick entscheiden”. “Ich verspreche es, bei meiner Ehr”. “Bei deiner Ehre? Es war eine Stunde der Schande, als du zur Welt kamst! Du wirst gehorchen, sonst werde ich dich jagen und umbringen lassen. Nun nimm deine Last und geh”.
Er sah zu, wie der Mann schwerfällig davonging, während Elenas Leiche baumelnd von seinem Rücken hing. Loredan ging monatelang mit dem Körper seiner Frau umher. Als er endlich in Rom ankam, ließ ihn der Papst in seiner Erschütterung nicht einmal vor, und so musste der Übeltäter von dannen ziehen, ohne die Absolution empfangen zu haben. Er kam des Nachts in Venedig an und stürzte sich in den Canal Grande, an der Stelle, wo er Elena um ihr Leben gebracht hatte. Seitdem taucht sein Leichnam hin und wieder nah am Ufer auf – er hält immer noch den Kopf seiner schönen jungen Frau in den Händen.

Das geschah, kurz bevor sich die Beziehungen zwischen Venedig und Rom so verschlechterten, dass es schließlich zum Bruch kam, als Papst *Paul V.* 1606 das Interdikt über die Serenissima verhängte. Sie hatte sich gegen die Einführung einer weitreichenden kirchlichen Rechtssprechung gewehrt

und war entschlossen, keine Einmischung in Sachen Gesetzgebung hinzunehmen. Durch den Dogen *Leonardo Donà* ließ die Republik wissen, sie sei in Freiheit entstanden und gedenke nicht, in weltlichen Angelegenheiten vor irgendjemandem Rechenschaft abzulegen – außer vor Gott.
Das Interdikt kam prompt, aber die Serenissima gab nicht nach: Sie berief sich auf ein künftiges Konzil, verbot auf ihrem Staatsgebiet die Veröffentlichung des Bannes, den sie nicht anerkannte, und zwang den Klerus unter Androhung von Ausweisung, weiterhin alle religiösen Funktionen unverändert auszuüben. Theologisch abgesichert wurde die Republik dabei durch *Fra Paolo Sarpi* vom Servitenorden.
So begann der unblutige Kampf zwischen Kirche und Staat, zwischen dem politischen Katholizismus der römischen Kurie und der zivilen Rechtspersönlichkeit des Dogentums, zwischen geistlicher und weltlicher Macht. In der Verteidigung seiner staatlichen Souveränität, die ein Jahr später voll anerkannt wurde, stand Venedig einmal mehr im Mittelpunkt des Weltinteresses.

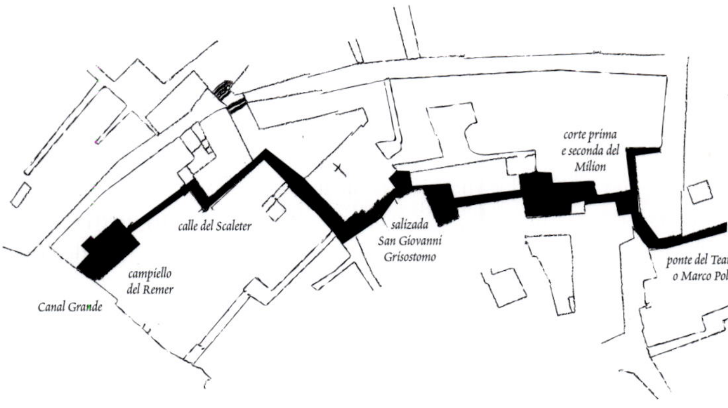

Aber richten Sie nun Ihr Augenmerk auf die **Rialtobrücke** links am Ende des Canal Grande. Die erste Brücke – aus Holz wie die beiden folgenden – wurde 1310 während einer Revolte zerstört, die *Bajamonte Tiepolo* anführte (darauf kommen wir gleich zu sprechen). Die zweite brach 1444 unter dem Gewicht der Zuschauer zusammen, die sich den Hochzeitszug der Herzöge von Ferrara ansehen wollten. Die dritte, eine Zugbrücke, wurde von *Carpaccio* auf einem Gemälde, das in der **Galleria dell'Accademia** hängt, dargestellt. 1524 wurde ein Wettbewerb für eine steinerne Brücke ausgeschrieben, an dem *Michelangelo, Sansovino* und *Palladio* teilnahmen. Die drei Künstler waren längst unter der Erde, als die Stadt schließlich zu ihrer neuen Brücke kam, da die hohe Staatsverschuldung sechzig Jahre lang keinen Neubau zuließ.
Die Brücke, die noch heute tagtäglich Tausende von Menschen benutzen, wurde 1592 eingeweiht; sie wurde von *Andrea Da Ponte* entworfen, und zwar mit einem Bogen, der so hoch ist, dass eine Galeere ohne Masten darunter hindurch kommt. Die Baukosten waren sehr hoch und wurden teilweise durch einen Brückenzoll eingetrieben. Über die Brücke und den Tag ihrer Fertigstellung besteht eine Legende, die erzählt …

2 VOM TEUFEL UND DER IHM ZUGESPROCHENEN SEELE

Die Entwürfe von Da Ponte waren sehr gut, und trotzdem blieb der große gewölbte Bogen der neuen Rialtobrücke einfach nicht aufrecht stehen, und das, was die Arbeiter am Tag fertig stellten, fiel bei Einbruch der Dunkelheit wieder in sich zusammen. Jede Nacht löste sich ein Stück und fiel ins Wasser, und nur die Gerüste verhinderten, dass das Ganze in den Canal Grande stürzte. So ging das wochenlang.
An der Spitze der Arbeiter stand Sebastiano Bortoloni, ein vielversprechender junger Mann aus guter Familie, ernsthaft bei der Arbeit und

entschlossen, diese Arbeit – sein erster wichtiger Auftrag – gut auszuführen. Davon hing nicht nur seine Zukunft ab, sondern auch die des Kindes, das seine Frau Chiara bald zur Welt bringen sollte. Er war verzweifelt: Die Arbeit ging nicht voran, und er sah keine Lösung für das Problem. Da die Unglücksfälle immer über Nacht geschahen, fasste er den Entschluss, sich an der Baustelle zu verstecken und abzuwarten, was passieren würde. Um Mitternacht brach ein Höllenspektakel los, und Teile der Wölbung versanken im Kanal. Der junge Baumeister erstarrte, als hinter ihm ein Hohngelächter ertönte. Er drehte sich um und erblickte eine hohe männliche Gestalt in einem schwarzen Umhang. Das war der Teufel und er sprach ihn folgendermaßen an: "Du mühst dich umsonst ab. Keinem wird es gelingen, diese Steinbrücke zu bauen. Aber wenn du willst, helfe ich dir – nur natürlich nicht umsonst". "Was willst du für deine Hilfe haben? Meine Seele?" fragte Sebastiano. Der Teufel lachte auf: "Nein, die nicht – ich will die Seele von dem, der als erster über die Brücke geht, wenn sie fertig ist".

Sebastiano überlegte nicht lange und schlug ein. Er brauchte Geld und machte sich Sorgen um das Kind, das bald zur Welt kommen sollte. Außerdem war er sich sicher, er könne den Teufel austricksen.

Am Tag danach nahmen Maurer und Steinmetze die Arbeit wieder auf. Der Teufel hielt Wort: Nichts fiel mehr herunter, und in kurzer Zeit war die Brücke fertig.

In der Zwischenzeit baute Sebastiano auf seine Schläue, und ihm kam auch eine Idee: Der Teufel hatte ja nicht gesagt, dass der erste, der die Brücke passierte, ein Mensch sein müsse. Er ließ also einen Hahn in einem Korb zur Baustelle bringen – den wollte er im Morgengrauen freilassen. Auf beide Seiten der Brücke stellte er Wachen auf, die nachts niemand durchlassen sollten. Der Teufel war aber schlauer als er. Als Maurer verkleidet klopfte er bei Sebastiano an und sagte seiner Frau, ihr Mann würde nachts auf der Baustelle bleiben und ihr ausrichten, sie

solle doch kommen. Ahnungslos machte sie sich gleich auf und wurde durchgelassen, da die Wachen sie erkannten. Sebastiano saß gerade mit den Arbeitern beim Abendessen, als er Stimmen auf der Brücke hörte. Er sah auf – und erblickte Chiara. Ein Schauer überlief ihn. Er schickte die Wachen weg und brachte seine Frau heim. Nachts tat er kein Auge zu, so quälte ihn der Gedanke, was geschehen würde.
Er brauchte nicht lange zu warten: Am Tag darauf kam die Magd kurz nach der feierlichen Einweihung weinend auf ihn zu und sagte, das Kind sei tot geboren und Chiara ringe mit dem Tode. Er eilte nach Hause, aber seine Frau war schon gestorben. Da begriff er, dass er alles, was ihm lieb und teuer war, verloren hatte, weil er sich mit dem Teufel eingelassen hatte.
Seitdem irrte die Seele des ungetauften Kindes auf der Brücke umher; wer hier in eiskalten Nächten allein hinüberging, vernahm ein feines Niesen. Einmal überquerte ein alter Gondoliere sehr spät die Brücke, und hörte, als er oben ankam, wie jemand leise nieste. Er sah niemanden, sagte aber doch, wie es sich gehört: "Gesundheit!". "Danke!", antwortete ein Kinderstimmchen. Das war die Kinderseele, die da erlöst in den Himmel flog.

Gehen Sie nun zurück durch *Sotoportego* und *Corte del Remer* und die *Calle del Scaleter* (das venezianische Wort für Konditor), dann rechts in die *Salizada San Giovanni Grisostomo* und nun um die Kirche herum bis zur *Corte prima del Milion o del Forno*. Noch eine Gasse und ein Durchgang – und Sie stehen in der *Corte seconda del Milion*, wo Sie sich die schönen **Schalen, Pilaster und Arkaden im byzantinischen Stil** (11. Jh.) ansehen sollten. Wenn sie weiter gehen, kommen Sie an einen Porti-

kus, von dem aus Sie zur *Brücke Ponte del Teatro o Marco Polo gelangen.* Von da oben aus sehen Sie eine Gedenktafel an der Fassade des hohen Palastes hinter dem heutigen **Malibran-Theater**: Sie erinnert daran, dass hier einst die Familie Polo wohnte. Die dekorativen Elemente, die wir gerade gesehen haben, gehörten wohl einst zu Marco Polos Haus. Und hier in den mit diesem ehrwürdigen Namen verbundenen Gebäuden kam eine Geschichte, die im fernen Osten begann, zu einem dramatischen Ende. Sie steht in keiner offiziellen Chronik, zirkuliert aber seit Jahrhunderten unter den Venezianern als die Geschichte…

Die ganze Gegend heißt "del Milion" in Erinnerung an das gleichnamige Werk, in dem der Venezianer **Marco Polo** (1259-1323) beschreibt, wie er zwischen 1271 und 1295 den fernen Osten bereiste und jahrelang am Hof des chinesischen Kaisers **Kablai Khan** zu Gast war. Bekanntlich diktierte er den berühmten Reisebericht seinem Zellengenossen Rustichello da Pisa, als beide nach der Schlacht von Curzolari (1298), dem heutigen Korßula, in genuesischer Gefangenschaft waren.

3 VON DER PRINZESSIN OHNE KAISERREICH

Von den fast 25 Jahren im Orient – sein Vater und sein Onkel waren mit ihm – arbeitete Marco Polo gut siebzehn für den Kaiser und war als dessen privater Gesandter auf verschiedenen Missionen im ganzen Reich unterwegs. Die drei waren solange von Venedig weg, dass die Verwandten sie bei ihrer Rückkehr nicht erkannten, bis sie – sieh mal einer an! – aus dem Futter ihrer prächtigen orientalischen Gewänder eine Unmenge von kostbaren Edelsteinen herausschnitten. Da kamen dann eben doch die Blutsbande zum Vorschein! Seit den ersten Monaten seines langen Aufenthalts am Hof hatte sich der junge Venezianer so tief in Hao Dong, eine der jüngsten und schönsten Töchter des Kaisers verliebt, dass er um ihre Hand anhielt, was auch bewilligt wurde. Das war so gekommen: Als er sie

eines Abends vom Rande der kaiserlichen Gärten aus singen hörte, war er ganz berauscht. Er war wie verzaubert von der herrlichen Stimme und der Melodie, die ihm ans Herz griff. Er wollte sie unbedingt sehen – und wollte dann nur noch sein ganzes Leben mit ihr teilen.
Von Natur aus verschlossen und sanft, brachte die Prinzessin ihrem Mann über viele Jahre hin die gleiche Liebe entgegen wie er ihr. Sie teilte all seine Abenteuer und wartete auf seine Rückkehr, bis die drei Venezianer in China nicht mehr sicher waren. So kam es, dass Marco Polo nach Venedig zurückkehrte, und seine Frau entschied ohne Zaudern, ihm zu folgen. Aber ihr Leben in Venedig gereichte der Stadt bis zum gewissen Grad zur Schande; darum schweigen sich die Chroniken lieber darüber aus.
Der Verwandtschaft aus Neid und Gier verhasst, auf der Straße vom einfachen Volk begafft wegen ihres exotischen Aussehens (obgleich sie noch immer wunderschön war), verließ die Prinzessin ohne Reich schließlich das Haus nicht mehr, um sich und ihrem Mann keine Probleme zu verschaffen, dem inzwischen auch die Kirche wegen seiner 'nichtrechtmäßigen' Verbindung mit einer Nichtchristin Ärger machte.
Hao Dongs einziges Vergnügen an den langen Tagen ihrer freiwilligen Gefangenschaft war der Gesang. An schönen Abenden blieben oft viele Menschen auf der Brücke stehen und lauschten hingerissen dem herzzerreißenden Gesang, mit dem die Prinzessin sich die Zeiten ins Gedächtnis zurückrief, als sie vom ganzen Reich geehrt mit ihrem Mann glücklich im fernen Kathay lebte.
Einige Monate lang ging das so weiter, bis die Nachricht von Marcos Festnahme durch die Genueser eintraf. Eine der Schwestern Polo stieg die langen Treppen des hohen Palastes nach oben, um der Schwägerin die Nachricht zu überbringen, aber anstatt ihr die Wahrheit zu sagen, teilte sie ihr mit, Marco sei tot, nur um ihr mehr wehzutun.
Hao Dong gab keinen Laut von sich, steckte aber noch in derselben Nacht ihre Kleider in Brand und sprang aus einem der hohen Fenster

in den Kanal. So setzte sie ihrem kurzen, unglücklichen Aufenthalt in Venedig ein Ende – wie ein leuchtender Kometenschweif. Seitdem ist auf der Brücke immer noch an schönen Sommerabenden, wenn die Sonne einfach nicht untergehen will, ein leiser Gesang zu hören, dessen Wehmut ans Herz geht, ohne dass man genau angeben kann, woher er kommt. Es ist Hao Dong, die ihre Liebe zu Marco Polo besingt und weiß, dass auch er sie liebt. Und in manchen Nächten kann man sogar (wenn auch immer seltener) die zarte Gestalt wahrnehmen, die von den hohen Fenstern des Palastes aufsteigt und zwischen den Häusern, die zum Kanal hin stehen, am Himmel dahinschwebt.
Ihre Hände, denen wie einem kleinen Feuerbecken bläuliches Licht entströmt, hält sie wie eine Lotosblüte, und so reist sie des Nachts ihrer Familie auf der anderen Seite der Welt entgegen.
Als vor nicht langer Zeit das Theater renoviert und die Fundamente des Hauses Polo erneuert wurden, tauchten die sterblichen Überreste einer Asiatin auf, die vor langer Zeit mit prunkvollen orientalischen Grabbeigaben bestattet worden war. Darunter befand sich auch ein kostbares kaiserliches Diadem, das ein unverwechselbares Symbol aufweist: das Wappen des Kablai Khan.

Verlassen Sie nun die Brücke und gehen Sie in die *Calle Scaleta*; an der ersten Gasse rechts biegen Sie ab und folgen den Wegweisern nach San Marco. Erst wird die *Corte Spechiera* überquert, dann kommt ein kurzer Slalom, erst nach links durch die *Calle del Forner* und dann gleich nach rechts durch die *Calle del Pistor* (die ‚forneri' waren Brotbäcker und die

pistori Brotverkäufer). So kommen Sie zur *Brücke del Pistor*, gehen hinüber und dann die *Calle Carminati* entlang. Auf dem *Campo San Lio* angelangt, gehen Sie weiter geradeaus und lassen dabei die *Kirche San Lio* auf ihrer Linken, um in die *Calle de la Fava* zu gelangen. An deren Ende stoßen Sie nach einer leichten Rechtskurve auf den *Campo de la Fava* (wo das Verwaltungsgericht der Region Veneto ist) und damit stehen Sie vor der **Kirche Santa Maria della Consolazione** *o de la Fava*. 1711 neu erbaut, ist sie größer als die frühere aus dem späten 15. Jh., die weiter vorn am Kanalrand stand, um ein wundertätiges Marienbild aufzunehmen.

Die Bezeichnung 'von der Saubohne' soll von der *Brücke della Fava* kommen, die so hieß, weil hier früher den Chroniken zufolge ein Händler wohnte, der in seinem Laden Hülsenfrüchte verkaufte. Dieser Mann verstieß gegen die strengen Monopolbestimmungen und verkaufte schwarz – was damals hart bestraft wurde – Salz, das er unter Bohnensäcken versteckt aufbewahrte.
Eines Tages wurde er nicht rechtzeitig über eine bevorstehende Kontrolle informiert und hatte nicht mehr die Zeit, die heiße Ware wegzubringen. Da fiel ihm nichts besseres ein, als sich vor das Marienbild zu werfen und um Hilfe zu flehen und tatsächlich – wie durch ein Wunder wurden trotz gründlicher Durchsuchung nur Bohnensäcke gefunden. Eine weitere Deutung ist, dass es auf der Brücke ein Geschäft gab, in dem "*fave*" verkauft wurden, das Gebäck, das bohnenförmig ist und an Allerheiligen gegessen wird. Das zur Brücke und zu ihrem Namen. Aber über das Heiligenbild, das zur Errichtung der ersten Kirche führte, und über die leeren Nischen an der Fassade der jetzigen wird eine andere Geschichte erzählt, die…

4 VON DER VERSPROCHENEN BRAUT

Vor vielen, vielen Jahren standen die Statuen von zwei Liebenden in den Nischen, die noch namentlich bekannt, aber ansonsten in der volkstümlichen Überlieferung fast vergessen sind: Maria und Gregorio. Sie war die Tochter eines reichen Kaufmanns, er ein Maler von Heiligenbildern. Zu ihrer Zeit war die ursprüngliche Kirche am Ufer noch nicht erbaut und auf dem Stück Land dahinter, wo heute die neue steht, lag ein kleiner Kirchhof. Die beiden empfanden tiefe Liebe zueinander, hielten das aber geheim. Eines Tages wird Maria von einem Tag auf den andern einem andren versprochen, einem reichen jungen Mann, der ihren Eltern gut gefällt. Maria fügt sich dem elterlichen Willen, ver-

liert aber alle Lust am Leben; die Angst, auf ihre eigentliche Liebe verzichten zu müssen, bricht ihr fast das Herz.
Drei Jahre lang lebte Maria mit ihrem Mann, ohne Liebe für ihn zu empfinden, aber schließlich hielt sie den Schmerz nicht mehr aus. Am Winteranfang erkrankte sie und starb kurz darauf. Frost und Schnee bedeckten ihr Grab auf dem kleinen Kirchhof. In einer Nacht erhob sich Maria plötzlich von ihrem Grab und ging zu ihrem Mann Sebastiano, den aber die Erscheinung so sehr erschreckte, dass er ihr gleich ein Kreuz entgegenhielt und sagte: "Hebe dich hinweg, Ausgeburt des Teufels!"; er ließ sie nicht ein. Daraufhin ging Maria zu ihren Eltern, aber auch die bekamen einen Schreck, wurden misstrauisch und wiesen sie ab. Das Mädchen stand allein da in Kälte und Dunkelheit und fühlte sich von allen verlassen. Da kam ihr Gregorio in den Sinn: "Zu ihm werd' ich gehen, zu meiner ersten, einzigen Liebe – er wird mich ins Haus lassen". Der junge Mann saß auf seiner Arbeitsbank und malte gerade an einem Marienbild, das er der Gemeinde zur Christmette übergeben sollte. Als er es klopfen hörte, nahm er das Beil und ging hinaus, um zu sehen, wer das ist; als er seine Liebe vor sich sah, wusste er nicht, was er tun sollte. "Nimm mich mit zu dir", flehte Maria "ich tu dir nichts Böses". Gregorio war froh, er ging auf sie zu und umarmte sie. Ihre Liebe hatte den Tod besiegt.
Er nahm Maria bei sich auf, gab ihr schöne Kleider, Essen und viel Liebe. Er hielt sie vor den Leuten verborgen, bis sie an Weihnachten zusammen zur Messe gingen. In der Kirche musste Maria ja auffallen. Ihre Eltern und ihr Mann sahen sie sich genau an, bis die Mutter schließlich sagte: "Die sieht wie unsre Tochter aus!", worauf der Vater ausrief: "Ja, das ist sie!". Auch die vielen Leute aus dem Sprengel, die zur Christmette gekommen waren, erschraken erst und waren dann gerührt, als sie die Wiederauferstandene sahen. Einige sprachen sogar von einem Wunder. Maria ging zu ihren Eltern und sagte: "Ich bin es

wirklich, eure Tochter; erinnert ihr euch, wie ich nachts bei euch angeklopft habe? Ihr habt mich nicht hereingelassen; so bin ich zu meinem Liebsten – er hat mich aufgenommen".

Alle erkannten sie und wollten sie, um den glücklichen Ausgang zu feiern, mit Gregorio verheiratet sehen. Seither heißt das als wundertätig betrachtete Marienbild auch "die Trostspenderin", wegen des Gefühls von Dankbarkeit, das die Eltern und Gregorio empfanden, weil Maria ihnen zurückgegeben worden war. Vor dem kleinen Kirchhof wurde eine ihr geweihte Kirche errichtet, an deren Fassade zwei Nischen die Statuen der beiden Liebenden aufnahmen, um die Erinnerung an die Begebenheit wach zu halten. Aber am Anfang des 18. Jhs., als die Bauarbeiten für die neue Kirche im vollen Gang waren, wurde das Marienbild entwendet, und ein paar Monate später, am Tag nach der Einweihung, verschwanden auch die beiden Statuen auf Nimmerwiedersehen.

Aus der ersten Kirche stammt auch die Muschel, die wir heute über dem Portal sehen. Eine Legende will, dass der berühmte Maler *Sandro Filipepi* genannt *Botticelli* (1445-1510) bei einem Venedigbesuch genau in dem Moment über die Fava-Brücke ging, als Licinia, eine wunderschöne Venezianerin aus der Familie Gradenigo, aus der Kirche trat. Er war so betört von ihrer Anmut und Schönheit, dass er beschloss, ihre Gesichtszüge im Antlitz der Venus auf dem berühmten Bild *Die Geburt der Venus* zu verewigen. Um den Augenblick im Gedächtnis zu behalten, wollte der Maler sie angeblich auf einer Muschel malen, die genauso aussah wie die über dem Portal. Und da wir schon beim Thema sind –

auch die Erfindung der Staffelei wird einem venezianischen Maler zugeschrieben, nämlich *Giorgio da Castelfranco* genannt *Giorgione* (1477-1510). In der Fava-Kirche ist übrigens angeblich der berühmte Maler *Giovan Battista Piazzetta* (1682-1754) beerdigt. Er starb bettelarm und soll im Grab seines Freundes *Giovan Battista Albrizzi* ruhen, der zu einer der bekanntesten venezianischen Buchhändler- und Druckerfamilien des 18. Jhs. gehörte. Das Grabmal ist im rechten Seitenschiff zwischen dem zweiten und dem dritten Altar.

Von der Kirche gehen Sie über den *Ponte della Fava* und nach einem kurzen Stück links in die *Calle dei Stagneri* hinein; an deren Ende landen Sie in der breiten *Marzaria San Salvador*, biegen wieder ab und gehen geradeaus durch den *Sotoportego* und die *Calle de le Acque* (nach dem Namen einer dieser Ausschanklokale, die heute 'Café' heißen), bis Sie am Kanal entlang zum *Ponte dei Bareteri* gelangen.

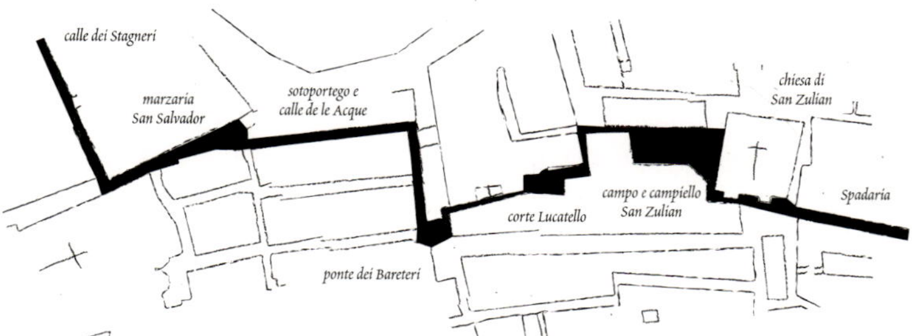

Von der Brücke aus sieht man rechts einen kleinen Portikus, der zu einem Hof führt. Hier, in der *Corte Lucatello*, befindet sich ein **Brunnen**, von dem seit Urzeiten eine Geschichte erzählt wird, die...

5 VON DER DAME IN WEISS

Laut Chroniken begann der Brunnen in der Corte Lucatello während einer Dürreperiode langsam zu versiegen, was bei den Bewohnern des Viertels große Besorgnis auslöste; deshalb stahlen manche heimlich Wasser und versuchten auch sonst, die übrigen auszutricksen. Eines Abends ging ein Kahnführer sehr spät mit einem Eimer zum Brunnen und traf dort eine weißgekleidete Dame. Der arme Kerl erschrak und bekam es mit der Angst zu tun – man glaubte damals nämlich, dass dunkle Gassen zur Nachtstunde nur so von bösen Hexen wimmelten. Die Frau spürte die Angst des Mannes und sagte: "Vor mir musst du dich nicht fürchten, wohl aber vor dem, was dir heute Nacht zustoßen kann, denn wenn du nicht vor Morgengrauen heimkehrst, wird dein Blut die Erde rot färben". Von Panik ergriffen befahl ihr der Kahnführer, doch endlich wegzugehen, aber sie ließ sich nicht einschüchtern und fing an zu beten. Als der Kahnführer sich dem Brunnen näherte, sprang ein Mann mit einem Messer in der Hand aus dem Dunkel hervor und griff ihn an. Der Kampf war schnell vorbei – und schon stürzt der Kahnführer schwer verletzt zu Boden. Der Angreifer erkennt, was er getan hat, und ruft in heller Verzweiflung alle Heiligen im Himmel an. Da nahm die weißgekleidete Dame das Messer und ließ drei Tropfen Blut von der verschmierten Scheide in den Brunnen fallen: im Nu war die Zisterne so voll mit Wasser, dass sie überlief. Dann tauchte sie ihr Taschentuch ein und reinigte so die Wunde des Kahnführers, die sich wie durch ein Wunder wieder schloss. Danach befahl sie den Männern, nach Hause zu gehen, und versicherte

ihnen, dass von nun an genug Wasser für alle da sein würde. Beim Weggehen drehten sich die beiden um, um der geheimnisvollen Dame zu danken, aber die war wie vom Erdboden verschluckt. Noch heute huscht die weißgekleidete Dame in dunklen Neumondnächten über den Hof. Beim Bau des Brunnens soll ihre Leiche in die Seitenwände eingemauert worden sein, weil ein Edelmann, der ihr Geliebter war, so den Mord vertuschen wollte.

Die **Brunnen** in der Stadt wurden von *Brunnenbauern* angelegt, die sich die Geheimnisse der Bautechniken von Generation zu Generation weitergaben und seit dem 13. Jh. zur **Scuola dei Mureri**, der Maurerzunft, gehörten. Die venezianischen Brunnen (die meisten sind heute zugeschüttet) waren komplexe Anlagen, die eine doppelte Funktion erfüllten: Sie waren Zisternen und zugleich Filter, um das Regenwasser zu reinigen. Unter dem einzig sichtbaren Teil, der *vera*, der Brunnenummauerung, die meist aus istrischem Marmor war, wurde ein etwa fünf Meter tiefer Schacht ausgehoben, dessen Wandung mit einer Lehmschicht bestrichen war, über der feiner Sand lag, der immer nass sein musste. Den Boden der Zisterne bildete eine große Steinplatte. Versiegelungen, Infiltrationslöcher und Reservoire sowie eine leicht abfallende Pflasterung dienten dazu, das Regenwasser zu sammeln und zu filtern. Eine strenge Gesetzgebung schützte den Bau und die Wartung der Brunnen, die meist in privatem Besitz waren, aber durch öffentliche Behörden, die *Provveditori al Sal e di Comun* und die *Magistrate für Gesundheit und Wasser* kontrolliert wurden.

Die öffentlichen Brunnen wurden zweimal am Tag auf ein Glockenzeichen hin geöffnet, und zwar durch einen Bewohner des Viertels, der die Schlüssel hatte und auch Wassermenge und -qualität kontrollierte. Gehen Sie nun weiter durch den *Sotoportego Primo Lucatello* und gleich dahinter nach rechts, auf den *Campiello San Zulian*; den überqueren Sie diagonal, halten sich dann rechts und gehen an der Kirche entlang, bis Sie zur Fassade auf dem Campo San Zulian kommen. Eine der Gassen, die hier abzweigen, ist die **Spadaria**, in der früher die Schwertmacher ihre Läden hatten. Vor Zeiten gab es in dieser Gasse eine Platte in der Pflasterung mit vier steinernen Bocciakugeln, die so realistisch herausgemeißelt waren, dass sie wie echt aussahen. Wenn man damals jemand auf den Arm nehmen wollte, schickte man ihn zum Händler gegenüber von dem Stein mit den Kugeln, mit dem Auftrag, er solle die Kugeln abholen. Der Händler rief schnell die Nachbarn zusammen und zeigte dem Naivling die vier Kugeln mit dem Hinweis, die seien wegzutragen – falls er dazu in der Lage sei! Der Stein mit den Kugeln wurde 1815 auf Grund einer polizeilichen Verfügung entfernt.

Gehen Sie jetzt die *Spadaria* hinunter bis zur *Calle larga San Marco*. Wenn Sie dann da rechts einbiegen, sind Sie schnell in der *Marzaria de l'Orologio*, von der aus schon der **Markusplatz** zu sehen ist.
Um dorthin zu gelangen, müssen Sie nur noch unter dem Uhrturm durchgehen, auch der **Mohrenturm** genannt wegen der beiden großen Männerfiguren, die oben auf dem Turm die Stunden auf einer riesigen Glocke anschlagen. Sie wurden 1497 von *Ambrogio da le Anchore* gegossen. Wenn Sie auf dem Platz sind, sollten Sie sich den Turm in seiner ganzen Größe ansehen. Der Mittelteil wurde von 1496 bis 1499 von *Mauro Codussi* gebaut; dann kamen zwischen 1500 und 1506 die beiden Seitenteile hinzu, die in der 2. Hälfte des 18.Jhs. aufgestockt wurden.

Im unteren Bereich das schöne Zifferblatt in blauem Emaille mit den Vergoldungen, das nicht nur die Stunden, sondern auch die Mondphasen und die Sonnenbewegung in Zusammenhang mit den Sternzeichen anzeigt. Der komplizierte Mechanismus wurde von *Gian Paolo* und *Gian Carlo Ranieri da Reggio* geschaffen. Im oberen Bereich steht vor blauem Hintergrund mit Goldsternen ein herrlicher geflügelter Markuslöwe, vor dem ursprünglich der Doge *Agostino Barbarigo* (1468-1501) kniete, dessen Statue aber 1797 beim Fall der Republik entfernt wurde. Während der Himmelfahrtswoche, bei dem bis heute bestehenden Fest der *Sensa*, an dem Venedigs Vermählung mit dem Meer gefeiert wird, kommen stündlich – von einem Engel angeführt – die Heiligen Drei Könige aus einem Seitentürchen; sie defilieren wie in einer Prozession vor der Muttergottes und verschwinden wieder auf der anderen Seite.

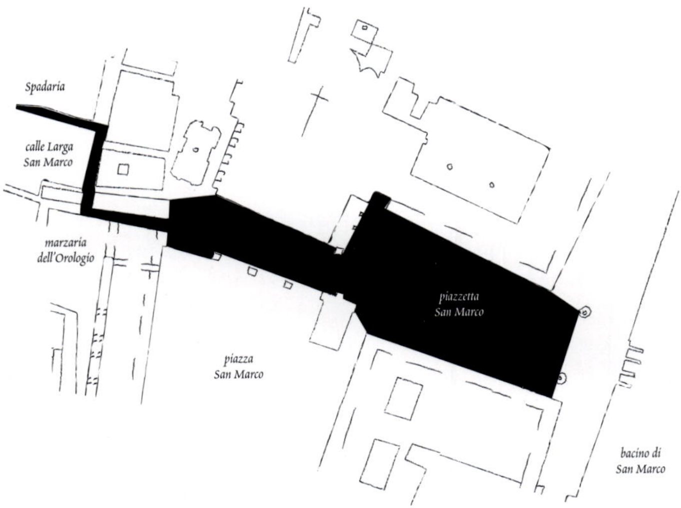

Aber halt! Bevor Sie unter dem **Uhrturm durchgehen**, sollten Sie sich kurz den Balkon über dem *Sotoportego del Cappello* ansehen, der von oben die ganze Gasse beherrscht, denn hier ist eines der unglaublichsten Dinge passiert, die die Serenissima in ihrer Geschichte erlebt hat, die Geschichte…

6 VON DER ARMEE, DIE EIN MÖRSER IN DIE FLUCHT SCHLUG

Die Verschwörung gegen den Dogen Pietro Gradenigo wurde schon erwähnt. Bajamonte Tiepolo und zwei andre Adlige, Marco Querini und Badoero Badoer, hatten geplant, am 15. Juni 1310 ihre Anhänger nachts am Rialto zu sammeln und dann in der Frühe zum Markusplatz zu marschieren, und zwar in zwei Kolonnen, die sich zum Ansturm auf den Dogenpalast vereinen sollten: Querini durch die Calle dei Fabbri und Tiepolo durch die Mercerie; Badoer sollte von der Lagune her dazustoßen. Aber Gradenigo war gewarnt worden, denn auf der Suche nach Gefolgsleuten hatten die Verschworenen einen Mann aus dem Volk angesprochen, der es sich überlegte und so zum Informanten wurde.
In derselben Nacht rief Gradenigo im Dogenpalast seine Ratgeber und die Oberhäupter der großen Familien zusammen, auf die er zählen konnte. Er alarmierte das Arsenale und befahl dem Kommandanten in Chioggia, Badoers Gruppe abzufangen. Den Verschworenen gelang es nicht, ihren Angriff zu synchronisieren. Die Tiepolo-Gruppe brauchte zu lange mit dem Plündern des Staatsschatzes und der Zerstörung der Rialto-Brücke, und wegen eines schweren Sturms konnte Badoer nicht rechtzeitig losfahren. Querinis Leute kamen als erste auf dem Markusplatz an und wurden gleich in Kämpfe verwickelt, bei denen Querini ums Leben kam. Die Tiepolo-Gruppe wurde, bevor sie auf dem Platz ankam, in den Mercerie auf engem Raum angegriffen.

Auf dem Höhepunkt des Getümmels schaute eine Frau, Giustina Rossi, neugierig aus der Balkontür und stieß dabei versehentlich den dort stehenden Mörser um, der just auf dem Kopf des Standartenträgers, der neben Tiepolo ritt, landete. Das Banner fiel zu Boden, die Verschworenen verloren die Orientierung und ergriffen die Flucht. Der Doge hatte auf der ganzen Linie gesiegt: Marco Querini war tot, Badoero Badoer wurde gefangen genommen und gleich hingerichtet; Tiepolo und die übrigen Adligen zogen sich in ihre Paläste zurück und mussten dann ins Exil gehen.

Zur Erinnerung an die Begebenheit wurde über dem Bogen ein **Marmorrelief** (*Die Alte mit dem Mörser*) angebracht und auf dem Boden – noch gut sichtbar – ein Gedenkstein mit dem Datum eingelassen. Die Frau, die mit ihrem Mörser Tiepolos Standartenträger niedergestreckt hatte, erhielt die Belohnung, die sie erbeten hatte: die Erlaubnis, an Festtagen das Banner von San Marco an ihrem Fenster aufzuhängen, und die Zusicherung, dass die Miete ihrer Wohnung, die den Prokuratoren der Markuskirche gehörte, nie erhöht würde. Im Jahr 1436 wollten die Prokuratoren den Mietzins tatsächlich heraufsetzen, als ein Urenkel der Frau in der Flotte diente; der protestierte aber und bekam 1468 Recht.

Sie gehen nun unter dem Turm hindurch – stehen damit auf dem **Markusplatz**, einem der berühmtesten Plätze der Welt, der zugleich der Lieblingsplatz der Venezianer ist. Er heißt als einziger "*piazza*" und nicht "*campo*" und war im Laufe der Jahrhunderte Schauplatz von

Zeremonien, Festen, Märkten, Turnieren, Ritterspielen und bei besonderen Anlässen auch von Stierjagden (die 1162 eingeführt worden waren). Schon zu Beginn des 9. Jhs. errichteten die ersten Bewohner hier das herzogliche Kastell und die Basilika des Hl. Markus, die damals beide anders aussahen - der Platz war viel kleiner und von einem später zugeschütteten Kanal zweigeteilt. Nach Jahrhunderten kamen dann die **Alten und die Neuen Procuratien** hinzu (rechts und links von Ihnen, wenn Sie mit dem Rücken zur Basilika stehen), die in verschiedenen Bauepochen entstanden sind und so heißen, weil sie ursprünglich den *Prokuratoren von San Marco* als Wohnungen dienen sollten.
Am Ende liegt der **Neueste Flügel**, nach dem französischen Kaiser auch *Ala Napoleonica* genannt (heute Sitz des **Museo Correr**); für den Bau ließ Napoleon den alten Trakt abreißen, zusammen mit dem von *Jacopo Sansovino* entworfenen *Kirchlein des Hl. Geminiano* aus dem 16. Jh., in dem auch das Grab des Künstlers war.

Wenn Sie sich nun umdrehen, sehen Sie das bedeutendste Bauwerk, gewissermaßen die Quintessenz der Stadt vor sich: die **Basilika des Evangelisten Markus.** Bevor die Kirche 1807 Sitz des Patriarchen von Venedig wurde (was vorher ja San Pietro di Castello war), war sie die Kapelle des Dogen, und daher der religiöse Bau, in dem die bedeutendsten Ereignisse im Leben von Volk und Regierung der Republik Venedig zelebriert wurden. Hier empfing der neue Doge die Weihe und die Ovationen der Untertanen; hier erhielten Schiffskapitäne und Kondottieri die Insignien ihrer Befehlsgewalt, bevor sie aufbrachen; hier wurden von Anbeginn an Päpste, Kaiser und Fürsten Zeugen der feierlichsten, wichtigsten Momente im damaligen politischen Weltgeschehen. In diesen vergoldeten Mauern fand 1177 die Versöhnung zwischen Papst *Alexander III.* und Kaiser *Friedrich Barbarossa* statt, die der Doge *Sebastiano Ziani* ver-

mittelt hatte; hier versammelte der alte Doge *Enrico Dandolo* 1201 die Kreuzritter, die aus allen Teilen Europas zusammengeströmt waren, um zum Vierten Kreuzzug aufzubrechen, der zur Eroberung Konstantinopels und zur Expansion der venezianischen Herrschaft im östlichen Mittelmeer führen sollte. Und hier bei San Marco versammelte sich das Volk von Venedig schließlich am 12. Mai 1797, als die Regierung die Staatsgewalt an Napoleon übergab und das Ende der Republik erklärte.

Sehen Sie nun hinauf zur großen Arkade in der Mitte: Die vier Pferde aus vergoldetem Kupfer darüber (übrigens die einzige Quadriga, die aus der Antike erhalten ist) standen auf den hohen Türmen des Hippodroms von Konstantinopel – sie kamen 1204 während des *Vierten Kriegszugs* hierher. 1797 wurden sie erstmals von ihrem Platz entfernt und auf Napoleons Befehl hin nach Paris gebracht (die Rückgabe erfolgte 1815); im letzten Jahrhundert wurden sie während der beiden Weltkriege aus Sicherheitsgründen weggeschafft. Dem Volksmund nach sollen die Pferde seit eh und je große Rubine als Augen gehabt haben, die bei der unfreiwilligen Reise nach Norden abhanden gekommen sind. Seitdem habe man die Pferde jahrzehntelang in den dunkelsten Nächten des Jahres auf der Piazza wiehern und scharren hören - sie suchten nämlich ihre kostbaren Augen. Seit aber elektrische Lampen die Fackeln und Leuchten ersetzt haben, stehen die Tiere bewegungslos auf ihrem Platz da oben in der majestätischen Haltung, die sich ein unbekannter Künstler vor zweitausend Jahren für sie ausgedacht hat.

Auf dem Wegstück zur **Piazzetta** sollten Sie noch um die Basilica herumgehen und sich die zwei Lichter ansehen, die an der Seite der Kirche die Stelle beleuchteten, wo früher die Mole war, von der Jahrhunderte lang die Schiffe der Republik ausliefen, um ferne Meere zu erreichen.

Sie werden jeden Abend neben der ‚**Muttergottes des Meeres**', einem Mosaik des 13. Jhs. im byzantinischen Stil, angezündet, um eine alte Tradition wach zu halten, die mit dem Gelübde und Vermächtnis eines Seefahrers zusammenhängt, der bei schwerem Sturm auf wunderbare Weise gerettet wurde. Der Überlieferung zufolge wurden während der Hinrichtungen neben den byzantinischen Marienbild immer schwarze Kerzen angezündet, die den Verurteilten vor der Exekution auf der Piazzetta Trost spenden sollten.
Das Volk meint allerdings, diese Lichter sollen in Wirklichkeit das Verbrechen sühnen, das das Tribunal der Serenissima begangen hat, als es den armen "*Bäckerjungen*" *Pietro Faccioli* unschuldig zum Tode verurteilte. Genau an der Ecke der Basilica ist der Block zu sehen, auf dem der Junge enthauptet wurde, der zu Unrecht des Mordes an dem venezianischen Adligen Alvise Guoro angeklagt wurde. Das kleine Podium, ein Säulenstumpf aus Porphyr, der aus Akko stammte, diente oft dazu, die Edikte der Serenissima zu verlesen. Seit dem Tod des "*fornaretto*" kann man jedoch in nebligen Nächten, wenn die Feuchtigkeit in Rinnsalen am Block herunterläuft, dazwischen einige Tropfen dunkelrotes Blut erkennen: Das ist die Mahnung, mit der Pietro auf ewig seine Wut hinausschreien will gegen die Republik, die sein Leben in der Blüte der Jahre vernichtet hat.

Sehen Sie die beiden Säulen mit rechteckigem Grundriss neben der Basilika? Sie kommen aus *Akko* und wurden 1256 an diesem Fleck zur Schmach der Genueser aufgestellt, als ewige Mahnung an jene, die es wagen, sich Venedig in den Weg zu stellen, vor allem, wenn es um die Vorrangstellung im Orienthandel geht. Damals hatte das antike Ptolemais Handelsbeziehungen mit sehr vielen Völkern, unter anderem auch mit den ewigen Rivalen Genua und Venedig.

Die Geschichte berichtet, dass *Luca Grimani*, der Konsul der Republik Genua, durchgesetzt hatte, dass die Venezianer im Hafen von Akko die Kirche des Hl. Saba nicht betreten durften, die den Genuesern zugesprochen war. Das konnten die Venezianer natürlich nicht hinnehmen, aber trotz der Schritte, die der Konsul *Marco Giustiniani* beim Papst unternahm, wurde die Entscheidung nicht rückgängig gemacht.
Der Funke war eine banale Rauferei zwischen Matrosen der beiden Republiken, der sofort Scharmützel folgten. *Philipp von Monfort*, der Gouverneur von Tyrus und Akko, wies die Venezianer öffentlich aus, und prompt kamen vierzehn Galeeren unter dem Kommando des *Lorenzo Tiepolo* zu Hilfe. Die Genueser hatten sich im Kloster San Saba verschanzt, aber gegen einen solchen Aufmarsch konnten sie wenig ausrichten: Die Venezianer besiegten sie und legten das Kloster in Schutt und Asche.
Die Genueser erbaten einen zweimonatigen Waffenstillstand, den sich die Venezianer teuer bezahlen ließen. Inzwischen fuhren 44 genuesische Galeeren unter dem Kommando von *Guglielmo Boccanegra* nach Syrien, um die erlittene Schmach zu rächen. Auch Tiepolo bekam noch Hilfe: Der Doge *Renier Zen* schickte fünfzehn Galeeren und sechzehn kleinere Schiffe. Eines Abends erfährt der venezianische Kommandant, dass die Flotte aus Genua eingetroffen sei und nur den Einbruch der Dunkelheit abwarte, um zuzuschlagen. Die Venezianer mussten es also mit einem Feind aufnehmen, der ihnen weit überlegen war.
Aber Tiepolo lässt sich nicht ins Bockshorn jagen: Er verbreitet das Gerücht, dass beachtliche Verstärkung aus *Candia* (der venezianische Name für *Kreta*) im Anzug sei. Dann lässt er viele mit Laternen versehene Holzplanken bauen. Bei Einbruch der Nacht werden die Planken so auf dem Wasser verteilt, dass es aussieht, als wolle eine ganze Flotte die feindlichen Streitkräfte angreifen. Beim Anblick all der ‚Schiffe' bekam es der genuesische Befehlshaber mit der Angst zu tun.
Das war der richtige Moment, um anzugreifen: Die genuesische

Flotte wurde besiegt, weil sie einen Angriff von zwei Seiten erwartete. Von da an mussten die ligurischen Schiffe im Hafen von Akko das Genueser Banner einholen. Und zur Erinnerung an den Sieg brachte Tiepolo unter der Kriegsbeute auch die quadratischen Marmorsäulen mit nach Venedig, die vorher am Eingang der San Saba-Kirche in Akko standen, der Kirche, die die Venezianer nicht betreten durften. Seitdem stehen sie neben der Basilika auf der Seite zur Lagune hin.

Auf den Säulen sind interessante ägyptisch-syrische **Schriftzeichen** aus dem 5. Jh. zu sehen. Bis auf eine sind die vier Inschriften noch lesbar. In den kryptischen Zeichen haben Linguisten Satzfragmente entziffert: "Dem obersten, höchsten, größten Gott, dem Erfüller" an der Säule zum Campanile hin und "Gott dem Verteidiger und Erretter" (oder auch "Der Jungfrau, der Muttergottes, der Gottgleichen") an der zum Dogenpalast hin. Mit Sicherheit stellt der kleine Kreis im Inneren der Zeichengebilde Gott dar, der als strahlende Sonne jeweils über dem Anfangsbuchstaben der Abfolge erscheint.

Wenn Sie nun zur Ecke zwischen Basilika und Dogenpalast hinüberblicken, dann sehen Sie die rätselhafte **Tetrarchen-Gruppe**, vier sich umarmende Kriegerfiguren, die im 4. Jh. in Ägypten aus einem einzigen Porphyrblock gemeißelt wurden. Sie stellen den Kaiser *Diokletian* und die übrigen Mitglieder der *Tetrarchie* dar. Die in der Kopfdeckung sichtbaren Löcher sollen den Punkt angeben, wo das königliche Zeichen befestigt war.

I VON DER FEE, DIE SCHÖNHEIT VERSCHENKTE

Eines Abends kam die Dorina Lotti, die gerade sechzehn geworden war, von der Vesper zurück, als sie in dieser Gasse eine wunderschöne junge Frau traf, die ganz in Weiß gekleidet war. Dorina blieb stehen und starrte sie an, während die andre an ihr vorbeiging, ohne ein Wort zu sagen. Die Szene wiederholte sich an den zwei folgenden Tagen, und Dorina, die von der überwältigenden Schönheit der Erscheinung getroffen war, musste immer an sie denken. Am vierten Tag sprach die Frau sie an: "Dorina, sag', möchtest du nicht auch so schön sein wie ich?". "Woher kennst du denn meinen Namen?", sagte das Mädchen erschrocken, "du bist doch nicht etwa eine Hexe?".

Wir sind im Jahr 1588 – in Stadt fanden seit Monaten Prozesse wegen Hexerei statt. Die junge Frau in Weiß lachte herzlich: "Sehe ich etwa so aus? Ich heiße Laura und bin vor kurzem hier hergezogen. Mich hat berührt, dass du so oft zur Kirche gehst; deshalb will ich dich belohnen und dir das Geheimnis meiner Schönheit verraten. Du wärst doch gern auch so schön wie ich?". Sie war wirklich hinreißend, und so gab sich das Mädchen geschlagen und sagte: "Sag mir, was ich tun soll". "Heut' Nacht, wenn du dich in dein Zimmer eingeschlossen hast, musst du alle Möbel mit weißen Tüchern zudecken. Dann zieh dich aus und salbe deinen Körper mit dem Inhalt dieser Fiale, zünde viele Kerzen an und lege dich in einem weißen Hemd aufs Bett, aber vorher musst du das Fenster einen Spalt öffnen. Dann werden gleich drei wunderschöne Frauen kommen, die alle weißgekleidet sind wie ich, und sich an dein Bett stellen. Hab keine Angst und ruf nicht etwa Gott oder die Madonna an, sondern bitte die Frauen um das, was du haben möchtest. Und denk dran – lass keinen Spiegel und kein Messer herumliegen!". Der Wunsch, so auszusehen, nagte an Dorina – sie konnte die Stunde kaum erwarten und tat alles, wie Laura sie geheißen hatte. Aber sie hatte vergessen, ein Spiegelchen hinter der Tür zuzudecken. Die drei weißen Frauen kamen und fragten sie, was sie sich wünsche. Dorina wollte gerade antworten, als ihr Blick in den Spiegel fiel – und was sie da sah, ließ ihr das Blut in den Adern gefrieren: Im Spiegelbild erschienen die zartgliedrigen Schultern der Frauen unförmig und behaart wie die von Tieren. Mit einem Aufschrei sprang das Mädchen aus dem Bett, rannte aus dem Haus und floh instinktiv in Richtung Kirche. Aber da trat ihr wieder Laura in den Weg und sagte: “Beruhige dich, Dummerchen! Was hast du?”. Dorina saß der Schreck noch zu tief in den Knochen, um zu antworten. “Du hast doch nicht irgendwas vermasselt, oder?”, bohrte die andere weiter. Als Dorina den Blick senkte, bemerkte sie, dass die schöne Dame in Weiß Bocksfüße hat. Da begreift Laura, dass sie entdeckt ist, stößt ein wütendes Grunzen aus und will auf die kleine Dorina einschlagen, aber die ruft in ihrer Not: “Oh, heilige Muttergottes, errette mich!”. Da war plötzlich ein starkes Licht über der Gasse und als das verschwand, hatte sich die böse Fee im Nichts aufgelöst. Aus Dankbarkeit gegenüber der Hl. Jungfrau steht hier seitdem ihr Standbild.

Der Tradition nach sind weißgekleidete *Feen*, die in Venedigs magischen Nächten auftauchen, Frauen, die bei der Entbindung gestorben sind. Sie mischen sich unter die Lebenden und sehen aus wie sanfte, bildschöne junge Mädchen, ihre wahre Natur verrät sich aber durch Bocksfüße. Das sind perfide, gefährliche Wesen, die zwar Reichtum und Schönheit geben, vor denen aber jedes Schneidegerät zu verbergen ist. Beim Weitergehen stoßen Sie gleich rechts auf einen niedrigen Durchgang und eine Gasse. Die haben zwar keine *‚nizioleti'*, doch es handelt sich um *Sotoportego und Calle del Burateo*. Die Angaben dazu in alten Sterbelisten

MEA

lauten: "Heute, am 18. Jänner 1597, ist M. Isepo, der Gemüsehändler, genannt Buratello, im Alter von 60 Jahren nach 8 Tagen an Beulen und bösem Fieber in San Nicolò gestorben". Denselben Quellen zufolge waren im Dezember 1630 dann "die Gregola vom Domenego Buratelo" und "Maria die Frau von Domenego Buratelo" an der Reihe, auch sie Opfer der Pest, die damals wütete (wir kommen noch darauf zurück). Gehen Sie also durch den Sottoportico und die Gasse, dann links ab, wenn Sie an der *Fondamenta Lizza Fusina* sind, und dann geradeaus, auch wenn die *Fondamenta* jetzt *Rielo* heißt. Wenn Sie dann an die *Brücke de la Piova* kommen, sollten Sie oben einen Moment stehen bleiben und die Wiese, die vor Ihnen liegt, betrachten und sich dabei die alte Legende anhören, die mit diesem Ort verbunden ist …

Die 'nizioleti' (Tüchlein) sind die für Venedig typischen Straßenmarkierungen, die – direkt auf die Mauer gemalt – aus einem weißgetünchten Kalkfeld mit schwarzer Umrahmung bestehen. Seit Anfang des 19. Jhs. liefern sie die Straßennamen, und zwar in der mündlich überlieferten Dialektfassung; dabei werden meist Namen und Bezeichnungen aus dem Alltagsleben, die der Heiligen, denen die nahe Pfarrkirche geweiht ist, oder auch die von adligen Familien verwendet. Selten erinnern sie an Berühmheiten, und wenn, dann wird dieser Straßenname in der Umgangsprache nicht verwendet.

2 VON PROSPEROS RACHE

An einem kalten, dunklen Winterabend des Jahres 1817 sah Lazzaro Bastiani, ein geachteter Lederhändler im Viertel von Anzolo Raffaele auf seinem Nachhauseweg hier eine Figur auf einem Zaun sitzen, der damals die Gemüsegärten eines gewissen Prospero Savorgnan abgrenzte. Bastiani war von Anfang an der Überzeugung, es handle sich um ein Gespenst, rannte weg wie ein geölter Blitz und hatte wochenlang kein anderes Thema. Savorgnan war ein ehemaliger Häftling, der hauptsächlich der Arbeit in seinem Garten nachging (der war damals viel größer als das Stückchen Erde, das wir heute sehen). Da er wegen Schulden ins

Gefängnis musste, hatte er zuvor seinen Besitz einem Freund, Giovanni Bellussi, der ebenfalls gesessen hatte, anvertraut, um zu verhindern, dass sein Hab und Gut in den Händen der Gläubiger landete. Dann war er aber plötzlich nach sechs Monaten entlassen worden. Im Frühjahr 1817, ein paar Monate, bevor Bastiani das Gespenst sah, wurde Savorgnan zum letzten Mal gesehen, als er betrunken aus einer Osteria der Gegend torkelte; seitdem war ihm niemand mehr begegnet. Der Bellussi hatte das Gerücht verbreitet, sein Freund sei aus Abenteuerlust mit einem der vielen Schiffe nach Griechenland aufgebrochen, aber drei Monate nach Savorgnans Verschwinden veröffentlichten die Behörden der Österreicher (die damals in der Stadt regierten) einen Aufruf, in dem sie eine Belohnung versprachen, falls jemand die Leiche fände. Als Bellussi anfing, in den Kleidungsstücken seines Freundes herumzulaufen, verhörte ihn die Polizei lange. Um den Verdacht von sich abzulenken, beschuldigte er drei verschiedene Personen des Mordes an Savorgnan; er erzählte, er sei bei dem Verbrechen dabei gewesen, aber diese unglaubwürdige Version belastete ihn nur noch mehr. Da sah Bastiani das Gespenst. Weil er so insistierte, ging ein Polizist zu der Mauer hin und fand tatsächlich an der Stelle, wo das Gespenst gesessen hatte, die übelzugerichtete Leiche des armen Savorgnan, die in einem schmalen Graben verscharrt worden war. Die Indizien hatten Bellussi schon schwer belastet – mit dem Auffinden der Leiche war der Beweis endgültig erbracht; er wurde schuldig gesprochen und zum Tode verurteilt. Vor der Hinrichtung gestand er, er habe Prospero umgebracht, sagte aber, es habe sich um einen Unfall gehandelt, der in Folge eines Streites passiert sei. Der Tote hatte aber auf alle Fälle seine Rache gestillt.

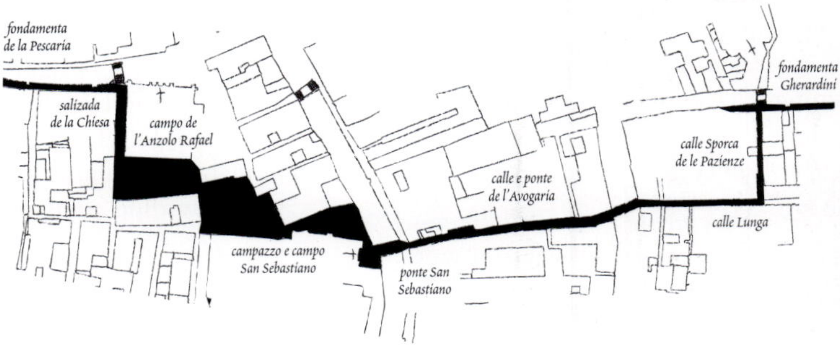

Gehen Sie nach dieser unglaublichen Geschichte von der Brücke herunter und links weiter die *Fondamenta de la Pescaria* entlang, dann rechts ab in die *Salizada de la Chiesa* bis zu dem höher gelegenen *Campo de l'Anzolo Rafael*, einem der vielen erhöhten Plätze in Venedig, bei denen die Erhöhung in der Mitte dazu diente, die Reservoire aus Lehm aufzunehmen, die für das geniale Filtersystem nötig waren (es wurde im letzten Rundgang beschrieben); das Regenwasser wurde aufgefangen und in Brunnen wie dem in der Mitte des *Campo*, der aus dem Jahre 1349 stammt, aufbewahrt.

Die Chroniken des 17. Jhs. berichten, dass an diesem Platz das Haus von zwei hervorragenden Klöpplerinnen stand, *Lucrezia und Vittoria Torre*, die Berühmtheit erlangten, als sie aus weißem Haar den Halskragen herstellten, den der französische König Ludwig XIV. bei seiner Krönung trug (er wurde mit 250 Ungheri bezahlt). Was die **Kirche des Erzengels Raphael** vor uns betrifft, sie wurde der Überlieferung nach

416 erbaut infolge eines Gelübdes von *Adriana*, der Frau von *Genusio Ruteno*, dem Herrn von Padua. Durch die Jahrhunderte brannte sie immer wieder völlig ab und wurde daher mehrfach umgebaut, bis sie ihr heutiges Gesicht erhielt. Und gerade in Zusammenhang mit dieser Kirche erzählen wir nun eine einzigartige Begebenheit, die …

3 VON DEN SIEBEN MESSEN DES TOTEN PRIESTERS

Don Beniamino hatte seine Pfarrei erst vor wenigen Tagen übernommen, als schon das erste Problem auf ihn zukam: Jeden Morgen, wenn er in die Sakristei trat, war alles durcheinander: die Messgewänder, die heiligen Paramente, selbst die Kelche und die Glasflaschen waren verstellt. Das war im Juni 1720; der alte Priester, Don Pietro, war vor kurzem überraschend gestorben und hatte dem jungen Vikar die tagtäglichen Aufgaben in Kirche und Gemeinde hinterlassen.
So ging das etwa eine Woche lang, dann erzählte der junge Priester dem Mesner davon: "Hier gibt's einen Gauner, der heimlich hereinschleicht, um zu sehen, ob hier Geld ist oder sonst was Wertvolles, was man stehlen kann. Heut' Nacht bleiben wir hier". Und das taten sie. Beim ersten Morgengrauen tritt eine Figur ein – Don Pietro, der verstorbene Pfarrer! Er geht zur Sakristei, legt die Messgewänder und Paramente an, kommt mit dem Kelch in der Hand in die Kirche und fängt an, allein eine Messe zu zelebrieren. "Wir müssen ihn fragen, was er macht und ob er etwas braucht", flüstert der junge Priester verwirrt dem Mesner zu, geht langsam zu den ersten Stuhlreihen und setzt sich dorthin. Als der Punkt in der Liturgie kommt, an dem die versammelte Gemeinde antwortet, fasst sich Don Beniamino ein Herz und sagt laut: "Amen!". "Bravo!", ruft der alte Priester und dreht sich um, "genau das brauchte ich. Als ich gestorben bin, fehlten mir noch sieben Messen, die

für die Seelen im Fegefeuer bestellt waren; darum komm bitte sieben Tage her und antworte mir siebenmal". Sein Wunsch wurde erfüllt, und so konnte die Seele des alten Priesters endlich in Frieden ruhen.

Überqueren Sie nun diagonal den *Campazzo San Sebastiano*, bis Sie zur **Sebastianskirche** kommen. Der Überlieferung zufolge war eine zeitlang der Maler *Veronese*, der eigentlich *Paolo Caliari* hieß (1528-88), hier eingesperrt, einige munkeln, er sei einem Mächtigen zu nahe getreten, andere, er habe jemanden umgebracht. Sicher ist, dass der Künstler in dieser von 1505 bis 1548 erbauten Kirche sehr viele Werke hinterlassen hat und dass er hier begraben werden wollte, was auch geschah.
Apropos Veronese – er ist der erste in der Geschichte, der in einen Prozess wegen freier Meinungsäußerung verstrickt war. 1573 erteilten ihm die Mönche von San Zanipolo den Auftrag, eine Abendmahlsszene zu malen. Da sie mit der Arbeit nicht zufrieden waren, strengten sie einen Prozess vor dem Inquisitionsgericht an. "Warum gibt es auf dem Bild Hunde und Zwerge?", fragten sie (Hunde wie verkrüppelte Menschen waren auf religiösen Darstellungen verpönt, da man sie mit dem Teufel assoziierte). "Und was sollen da die Deutschen?" (die als Protestanten betrachtet wurden). Veronese berief sich darauf, dass ein Künstler seine Werke frei schaffe, aber er musste sein Bild auf eigene Kosten ummalen. Das tat er und änderte den Titel ab in *Das Gastmahl im Hause des Levi*.
Sie gehen nun über die *Brücke von San Sebastiano* und geradeaus in die *Calle de l'Avogaria* (der Advokatur) bis über den *Ponte de l'Avogaria*, wo Sie dann in der *Calle Lunga* sind. Nach etwa fünfzig Metern ist auf der

linken Seite die *Calle Sporca de le Pazienze* (von da, wo Sie herkommen, ist der Straßenname nicht zu sehen). Dieser merkwürdige Name rührt von zwei Besonderheiten dieser Gasse her: Hier verfertigten und verkauften die *pinzocchere*, die Bettelschwestern der *Kirche des Carmine* (die in diesen Gässchen ihr Kloster hatten) wohl Hemden (eben 'pazienze'), die als Zeichen der Marienverehrung unter der Kleidung getragen wurden. Was die Bezeichnung 'sporca' (schmutzig) angeht … das ist ja wohl klar. Gehen Sie also weiter bis zur *Fondamenta Gerardini*. Hier müssten Sie rechts abgehen, sehen Sie aber kurz nach links zu dem merkwürdigen Haus hin, dessen Eingangsmauer die Fondamenta abschließt. Von diesem Ort erzählt man nämlich die Legende …

4 VOM BETROGENEN DIENER, DESSEN SCHÄDEL SCHREIT

Es wird erzählt, dass im 18. Jahrhundert Grimano Grimani, ein Kaufmann aus adliger Familie, in diesem Hause gewohnt habe. Er hatte lange in der Morea (d.h. auf dem Peloponnes) gelebt und brachte bei seiner Rückkehr einen Diener von dort mit, der aber leider kurz nach der Ankunft in Venedig schwer krank wurde. Auf dem Totenbett nahm er seinem Herrn das Versprechen ab, ihn in seiner Heimat zu beerdigen. Grimani hielt jedoch nicht sein Wort, und so wurde der Mann auf dem kleinen Kirchhof, der damals neben der Kirche der Carmini lag, bestattet. Bereits in der ersten Nacht waren herzzerreißende Schreie aus dem Grab des Dieners zu hören, und man musste den Schädel in aller Eile ausgraben, damit Ruhe einkehrte. Außerhalb des Grabes schien das makabre Relikt Frieden gefunden zu haben, und so wurde es im Haus Grimani aufbewahrt, wo niemand den Mut fand, es wegzuschaffen. Das hat einige Jahrzehnte später ein Enkel des Kaufmanns versucht, der nicht an die Legende glaubte, aber er musste den Schädel schnellstens wieder an seinen Platz stellen, weil er so schreckliche Schreie ausstieß. Seither ist der Schädel des betrogenen Dieners spurlos verschwunden und wurde auch nie wieder gefunden. Vielleicht ist er, so meinen manche, in eine Wand im Treppenhaus eingemauert worden – auf alle Fälle hat niemand mehr das verzweifelte Schreien vernommen.

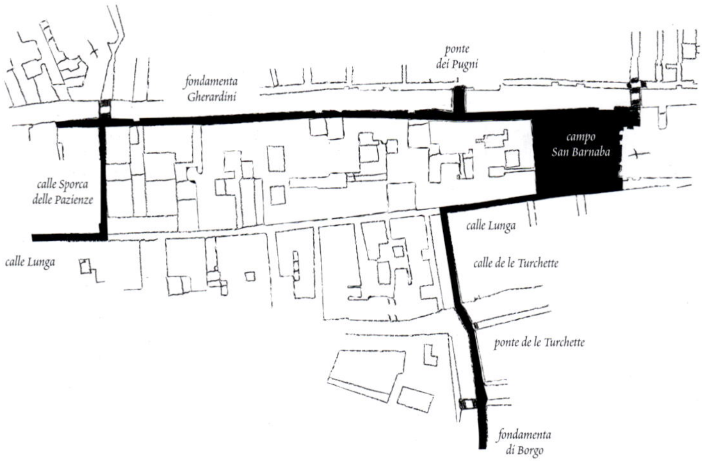

Gehen Sie die *Fondamenta Gerardini* entlang bis zum berühmten **Ponte dei Pugni**, eine der Brücken (es gab mehrere), auf denen früher regelrechte Schlachten zwischen *Nicolotti* und *Castellani*, den beiden ältesten und größten Fraktionen in Venedig, stattfanden.

2622

Wir haben schon auf die besondere soziale Struktur der Stadt hingewiesen, die in Gemeinschaften mit einem starken Identifikationsgefühl unterteilt ist. Dabei wurden Gleichgewicht und Integration jedes einzelnen Kerns auch durch starke Zugehörigkeitsgefühle zum Stadtviertel garantiert. Von September bis Weihnachten bekämpften sich die Mitglieder beider Gruppierungen, die eine Art Tracht trugen (bei den *Castellani* waren Mütze und Schal rot, bei den *Nicolotti* schwarz), auf den Brücken, deren Brüstungen vorher entfernt wurden. An den Ecken oben sieht man noch den Umriss eines Fußes, auf den sich die Teilnehmer vor Kampfbeginn stellen mussten. Das Ganze endete immer in einem Gewühl von Körpern auf und unter der Brücke, bis eine Partei die Seite der anderen "erobert" hatte. Venedigs Regierung schürte die Rivalität zwischen den Gruppen, um ein paar Draufgänger zur Verfügung zu haben, die sich auf Raufereien verstanden, und wohl auch, um auf eine Fraktion rechnen zu können, falls die andere rebellieren sollte.

Der traditionelle '*Krieg der Fäuste*' wurde abgeschafft, als es am 30. September 1705 genau da, wo Sie stehen, mit einem harmlosen Gerangel anfing und mit Steinwürfen, Messerstechereien und mehreren Toten endete. Während der Zusammenstöße waren die Krieger so damit beschäftigt, sich gegenseitig an die Gurgel zu gehen, dass sie gar nicht merkten, wie sich im nahen Kloster San Girolamo Feuer ausbreitete. Der Pfarrer der San-Barnaba-Kirche musste mit dem Kreuz in der Hand einschreiten, um die Kampfhähne zu trennen. Das brutale Schauspiel wird seit damals von ebenso kämpferischen Regatten in typisch venezianischen Booten abgelöst. Von Mai bis September werden Rivalitäten zwischen den Sestieri und einzelnen Vierteln per Ruderblatt ausgetragen: in *Gondeln*, '*mascarete*', '*pupparini*' oder '*caorline*' – die Eifersüchteleien gibt es noch immer.

Gehen Sie nun wieder von der Brücke hinunter und auf die *Fondamenta Gerardini* zurück und dann nur ein Stück weiter bis zum *Campo San Barnaba*. Von dem Vorplatz der im 18. Jh. im klassizistischen Stil umgebauten **Kirche San Barnaba** berichten die Chroniken der Zeit, wie am 29. Januar 1441 ein prächtiger Zug von Reitern von *San Samuele* (der Gegend um **Palazzo Grassi** herum auf dem anderen Ufer des Canal Grande) über eine aus Booten gebauten Brücke herüberkam, um die Hochzeit von *Jacopo Foscari*, dem Sohn des damaligen Dogen *Francesco Foscari*, mit *Lucrezia Contarini* in gebührender Weise zu feiern.
Aus diesem Anlass landete hier auch der legendäre *Bucintoro*, um die Braut und die 150 Damen ihres Gefolges zum Dogenpalast zu geleiten. (Der Bucintoro war das prunkvolle Staatsschiff, auf dem alljährlich an Christi Himmelfahrt während des Festes der '*Sensa*' die symbolische Vermählung des Dogen mit dem Meer zelebriert wurde - der letzte wurde übrigens von Napoleon verbrannt).
Diese Geschichte zwischen Vater und Sohn, die *Byron* in seinem Schauspiel *Die beiden Foscari* geschildert und *Verdi* (1813-1901) dann in einem Melodrama vertont hat, endete tragisch. Jacopo wurde beschuldigt, *Emolao Donato*, das mächtige Oberhaupt des Rates der Zehn umgebracht zu haben; er musste daher ins Exil, wo er dann starb. Der alte Foscari (erinnern Sie sich an den prophetischen Dogen aus unserm ersten Rundgang?) hatte eine lange Kampagne zur Eroberung des venezianischen Hinterlandes gestartet. Im Alter von 84 Jahren wurde er am 23. Oktober 1457 aus Altersgründen abgesetzt. Enttäuscht und erschüttert über den Tod seines Sohnes, starb er nur sieben Tage später.

Aber auch dieser Ort musste natürlich seine dramatische Gespenstergeschichte haben. Im Jahr 1612 wurde just diese Umgebung Schauplatz einer makabren Angelegenheit, der Geschichte…

5 VON DER MUMIE DES EHRLOSEN KREUZFAHRERS

Als hier im Frühling 1612 eine alte Kapelle abgerissen wurde, kam bei den Bauarbeiten die fast mumifizierte Leiche eines Kreuzritters zutage (die Pracht der Kleidung und ihre Farben, das große weiße Kreuz auf rotem Feld, ließen keine Zweifel zu). Aus den Rüstungsteilen, die geborgen werden konnten, und aus dem großen Schwert war zu schließen, dass der Tote ein französischer Ritter adligen Geblüts sein musste, was auch eine Inschrift auf dem Schwertgriff belegte: Nicodéme de Besant-Mesurier.
Die Überraschung war groß, denn es gab keinerlei Dokument, das die Identität des Mannes bestätigt oder Informationen über seine Bestattung enthalten hätte, an die nichts mehr erinnerte.
Es gab viele Vermutungen: Venedig hatte ja eine bedeutende Rolle in den Religionskriegen gespielt. Für einige war es der Leichnam eines Heiligen, aber es gab keinen Hinweis auf Wundertaten. Andere waren der Meinung, es handle sich um einen der Ritter, die mit dem im Sankt-Petersthron versteckten Gral aus Antiochien zurückgekommen waren - und für diesen sei Venedig eben die Endstation gewesen.
Wie dem auch sei, der Fundort lag auf dem Grund der Familie Morosini, und da die Leiche offiziell niemandem gehörte, nahm einer der Söhne, Jacopo, die Mumie und brachte sie in den Sommersitz jenseits des Parks, der zum Haupthaus gehörte, nach San Pantalon. In kurzer Zeit wurde der vertrocknete französische Ritter eine Attraktion für Neugierige und eine Art Witzfigur, und es passierte immer wieder, dass der junge Morosini Feste organisierte, an denen die makabre Trophäe teilnahm.
Aber eines Morgens bemerkte ein Diener beim Betreten des Sommerhauses, dass die Arme der Mumie anders lagen. Er informierte den jungen Herrn darüber, der sich die Sache ansah und veranlasste, die Schlösser an dem Gebäude zu verstärken. Dennoch wiederholte sich der Vorfall, sodass Morosini beschloss, sich der Sache persönlich anzunehmen und eine Nacht im Saal zu verbringen. Stundenlang war alles ruhig, aber

vor dem Morgengrauen geschah etwas Außergewöhnliches: die Mumie kam aus dem offenen Sarkophag, in den sie gebettet war, heraus, baute sich vor dem jungen Morosini auf und sagte ärgerlich auf Französisch zu ihm: "Kann man hier denn nicht ein bisschen Ruhe haben? Ich bin in Unehren gestorben, weil ich vor der Abreise von Venedig ins Heilige Land an einem Abend besoffen ins Wasser gefallen und ertrunken bin. Aus Scham hat meine Familie sich geweigert, meinen Körper nach Hause überführen zu lassen, und so hat er, ohne zu zerfallen, in der abgerissenen Kapelle gelegen. Um Friede zu finden, müsste ich eine Heldentat begehen, aber das ist ja unmöglich. Aber lasst meinen Körper wenigstens ungestört ruhen: lasst es euch nicht mehr einfallen, während der Dunkelheit hierher zu kommen oder ihr bezahlt das mit dem Leben". Die Nachricht von dem Vorkommnis verbreitete sich wie ein Lauffeuer. Morosini ließ den Saal schließen, weil er nicht recht wusste, was er tun sollte, bis einer seiner Freunde ihn überredete, ihn doch eine Nacht dort verbringen zu lassen, weil er eine Wette abgeschlossen hatte. Jacopo erlaubte es ihm. Der junge Mann traf also Vorkehrungen, um eine Nacht mit dem Kreuzritter zu verbringen, während vor der Türe ein Diener Wache halten sollte. In der Nacht sah der junge Mann, wie sich etwas bewegte – es war die Mumie. Erst langsam und dann mit immer energischeren Bewegungen stieg die menschliche Figur mit einer pergamentartigen Haut aus ihrem improvisierten Totenschrein und ging auf den unerwünschten Gast zu. Der war aufgestanden, um es mit der Mumie aufzunehmen, rannte dann aber doch lieber in Richtung Tür und klopfte, damit man ihm aufmache. Doch der Diener schlief und hörte erst nichts.

Als der Kreuzritter ihm schon den Hals zudrücken wollte, fing Morosinis Freund an, zu schreien und gegen die Tür zu hämmern. Endlich machte der Diener auf, ließ ihn gerade noch durchwitschen, bevor er dem grässlichen Gespenst die Tür ins Gesicht knallte. Der junge Mann fiel draußen ohnmächtig hin.

Am Vormittag ging Morosini selbst in den Saal. Neben der Tür lag rücklings der Kreuzfahrer, mit erhobenen Händen und wut- und schmerzverzerrtem Gesicht. Er soll dann dafür gesorgt haben, dass die Mumie heimlich in der Kirche von San Barnaba bestattet wurde, denn seitdem geistert der Ritter hin und wieder auf dem Campo herum, wohl auf der Suche nach einer Heldentat, die er vollbringen könnte.

Gehen Sie nun wieder in die *Calle Lunga* (mit dem Rücken zur Kirche ist es die Gasse an der linken Ecke des Campo), durch die Sie ja schon von *San Sebastiano* her gekommen waren, und biegen Sie nach einem kurzen Stück links ab in die *Calle de le Turchette* bis zur *Brücke*, die auch so heißt. Die Bezeichnung 'von den kleinen Türkinnen' rührt sicherlich von einer Begebenheit aus dem Jahr 1428 her, als eine Kolonie von türkischen Frauen in Kriegsgefangenschaft, eben die ‚turchette', hier in einem großen Gebäude mit vergitterten Fenstern eingesperrt war, weil man hoffte, sie zum Christentum zu bekehren. Es gab nämlich viele unter den Türken, die entweder aus Überzeugung oder auch aus Opportunismus konvertierten, wenn sie in Venedig 'zu Gast' waren. Die zeitgenössischen Chroniken berichten, dass der Doge *Sebastiano Venier* 1571 nach dem Sieg über die türkische Flotte bei Lepanto neben einer reichen Kriegsbeute auch noch einen ganzen Harem mit hundert Mädchen mit nach Venedig brachte, von denen viele in kurzer Zeit zum Christentum übertraten und Venezianer heirateten.
Hier geben wir die Lebensumstände von einer von ihnen wieder, die von *Selima Hazemi*, an die noch heute eine Geschichte erinnert, die …

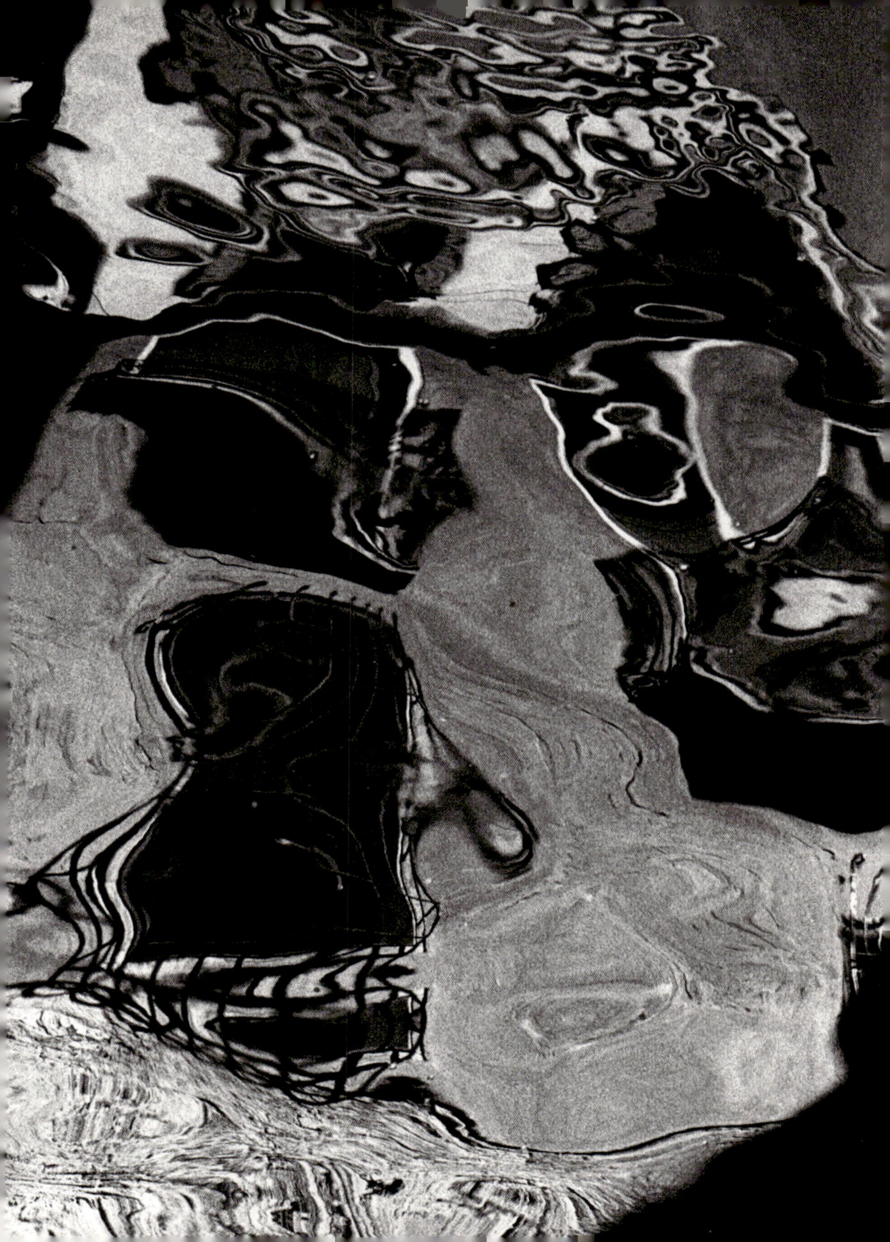

6 VON DER UNGLÜCKLICHEN LIEBE DER TÜRKIN SELIMA

Unter den hundert hübschen Mädchen, die damals herkamen, hatte Selima den anderen zwei Dinge voraus: Mit ihrem langen schwarzen Zopf war sie die schönste und außerdem war sie die jüngste. Daher wurde ihr nach dem Übertritt erlaubt, mit der Heirat etwas zu warten. Sie begann also, in einem der Häuser zu arbeiten, in dem konversionswillige Türken lebten; dort lernte sie Osman kennen, einen jungen Kaufmann, der sowohl reich als auch attraktiv war, und prompt verliebte sie sich in ihn.

Ihre Liebe wurde von Osman auch erwidert, und so schworen sich die beiden ewige Treue und beschlossen zu heiraten. Die einzige Bedingung war, dass sie in Venedig als Gäste und Bürger der Serenissima blieben. Da Osman aber noch seine Familie in der Türkei hatte, wollte er dort hinfahren und die Eltern über seine Entscheidung informieren.

Das wurde ihm bewilligt, denn niemand bezweifelte, dass er zurückkommen und Selima heiraten würde. Es kam aber alles anders: Die Tage vergingen, und Osman kehrte nicht zurück. Selima sagte sich immer wieder, dass die Reise lang sei, dann fing sie an zu glauben, ihr Liebster habe sie vergessen, und am Ende erschien es ihr, als sei alles nur ein Traum gewesen. Da sie sehr schön war, fehlte es ihr nicht an Verehrern, vor allem unter den jungen Venezianern. Sie widerstand eine lange Zeit, wollte aber auch nicht den Rest ihrer Tage allein verbringen, und so gab sie einem venezianischen Kaufmann aus der Gegend um San Barnaba ihr Wort und heiratete ihn kurz darauf.

Nach wenigen Wochen kam Osman zurück. Er ging zu seiner alten Wohnung und suchte sofort seine Liebste. Erst da erfuhr er von ihrer Hochzeit: Er verbarg seinen Schmerz, so dass es aussah, als habe er sich mit der neuen Situation abgefunden. Er ließ Selima nur ausrichten, dass er sie noch einmal sehen wolle, um endgültig von ihr Abschied zu nehmen.

Selima zögerte erst, weil sie Angst hatte, entschied sich aber dann hinzugehen. In ihrem schönsten Kleid ging sie aus dem Haus – und ward nie mehr gesehen. Man suchte sie bei Osman, aber der war auch verschwunden. Einige Jahre vergingen, bis man eines Tages im Keller des Hauses für Konvertiten einen Schrein fand, in dem ein weiblicher Schädel mit einem langen schwarzen Zopf lag. Man fing an zu graben und fand unter dem Fußboden auch ein kopfloses Skelett in dem Kleid der verschwundenen Selima. Es war nicht schwer zu erraten, wer den schrecklichen Mord begangen haben konnte...

Osman liebte Selima bis zur Raserei. Auf die Nachricht von ihrem Verrat hin hatte er sie in den Keller gelockt und dort ermordet; dann hatte er den Körper begraben, nachdem er den Kopf abgetrennt hatte, in der wahnsinnigen Absicht, ihn in einem Schrein mitzunehmen, als Erinnerung an seine große Liebe. Aber der Geist des unglücklichen Mädchens verfolgte ihn überall, bis er aufgab und beschloss, den Kopf dahin zurückzubringen, wo er hingehörte. Er kam heimlich nach Venedig und stellte den Schrein im Keller ab.

Von ihm hörte man nie mehr etwas. Sein Geist wurde jedoch einmal von einem Kahnführer auf dem Nachhauseweg gesichtet, und zwar nahe bei dem Haus der Konvertiten. In einen weiten Umhang gehüllt, trat der Türke aus dem Schatten und gab ihm ein Zeichen, näher zu kommen. Als der Kahnführer vor ihm stand, sah er, dass Osmans Augen wie Kohlen glühten. Er schob den Mantel beiseite – und der Anblick ließ den Mann vor Entsetzen aufschreien: Der Türke trug einen Frauenkopf mit einem schwarzen Zopf unter dem Arm. Bevor sich der Kahnführer vom Schreck erholt hatte, war der andere schon durch die Hauswand verschwunden. Was Selima angeht, so hat sie jetzt wenigstens ihren Kopf wieder und sieht nicht schrecklich verstümmelt aus, wenn man ihr in mondlosen Nächten begegnet, auch wenn der Schnitt an ihrem Hals sie am Sprechen hindert. Haben Sie keine Angst, sie tut Ihnen nichts. Wenn Sie ihr zufällig begegnen, wird sie Sie mit ihren großen dunklen Augen traurig ansehen, denn der Wahnsinn, der ihren Osman geschlagen hat, verhindert, dass sich die beiden nach dem Tode im Jenseits begegnen.

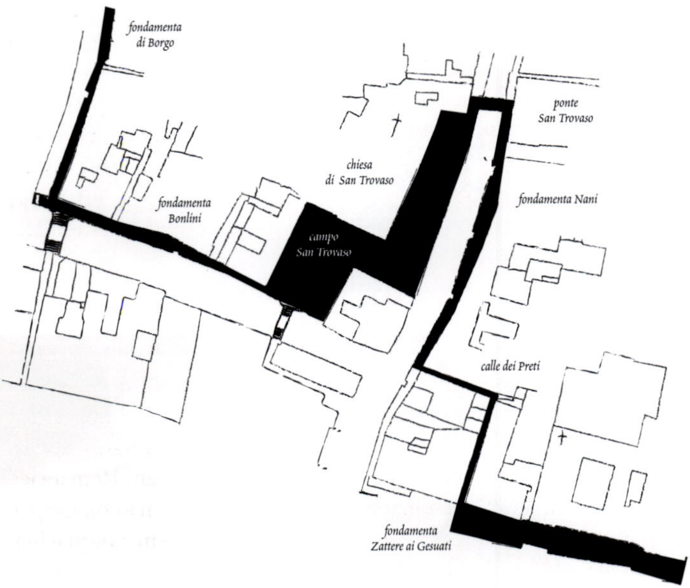

Nach der *Brücke de le Turchette* gehen Sie geradeaus weiter die *Fondamenta di Borgo* entlang, dann links ab auf die *Fondamenta Bonlini*: Der erhöhte Campo, der gleich zu Ihrer Linken liegt, ist *Campo San Trovaso*, den die schöne Fassade der gleichnamigen **Kirche** abschließt. Gehen Sie quer über den *Campo* bis zum *Ponte San Trovaso* und dann auf die andere Kanalseite, von wo aus Sie nach einem kurzen Wegstück rechts gegenüber von den *Fondamenta Nani* den schönen **Squero di San Trovaso**, einen der ältesten in Venedig, liegen sehen. In dieser kleinen Werft, in der man noch heute Gondeln und andere typisch venezianische Bootstypen herstellt, liefen zur Zeit der Serenissima *Galeeren der zweiten Kategorie*, die für die Handelsrouten bestimmt waren, vom Stapel. Aber dieser Ort wird vor allem dadurch faszinierend und geheimnisvoll, dass er an einen der großen Söhne der Stadt erinnert, an *Giacomo Casanova*, über dessen Leben eine Legende erzählt wird, die ans Unglaubliche grenzt, die…

Die Bezeichnung 'squero' könnte von dem Wort 'squadra' (Winkel) kommen, einem Gerät, das beim Bootsbau und in anderen Handwerkszweigen unerlässlich ist. Die Zunft der 'squeraroli', der auch die Arsenalarbeiter angehörten, wurde 1610 gegründet Sie hatte in San Trovaso eine eigene Schule und betrachtete die Heilige Elisabeth als ihre Schutzpatronin.

7 VOM VENEZIANER, DER NICHT STERBEN KANN

Casanova – mit diesem Namen verbindet man in erster Linie die Verführungskünste und die waghalsige Flucht aus den 'Piombi' (dem furchtbaren Gefängnis im Dogenpalast); dabei wird oft vergessen, dass Giacomo Casanova auch Philosoph, Dichter, Abbé, Anwalt, Romancier, Schriftsteller, Mathematiker, Finanzexperte, Spion, Bühnenautor, Geiger, Okkultist und noch vieles mehr war, was er aus seinem überreichen Erfahrungsschatz heraus in seinen Werken beschreibt oder was aus Chroniken stammt und meist zur Legende wurde.

Am 2. April 1725 hier geboren, war er das Produkt einer außerehelichen Beziehung seiner Mutter Zanetta (die eigentlich Giovanna Farussi hieß) mit dem Grafen Michele Grimani, dem Direktor des Theaters, an dem sie mit ihrem Mann auftrat. Aus seiner Kindheit ist fast nichts bekannt außer, dass er bei der Großmutter mütterlicherseits Marzia lebte, an der er abgöttisch hing. Als er acht Jahre alt war, nahm sein Leben jedoch eine okkultistische Wendung: Da die Großmutter ihn von einer geheimnisvollen, nie erwiesenen Krankheit heilen wollte, wegen der er den Mund immer offen halten musste, brachte sie ihn zu einer Magierin auf der Insel Murano.
Casanova berichtet in seinen Memoiren darüber: "Sie öffnete eine Truhe, hob mich hoch, legte mich hinein und sagte mir, ich solle keine Angst haben; dann schloss sie die Truhe". Auf diesen Moment datiert Casanova, der keinerlei Erinnerung an die Jahre davor hat, seine "Wiedergeburt"; eine "Taufe" im Zeichen der Magie, eine Prägung, die seine ganze weitere Existenz beeinflussen sollte. Nicht zufällig gehört zu Casanovas zahlreichen Beschäftigungen auch die Hingabe an esoterische Praktiken, die ihn – trotz seiner Skepsis – immer anzogen.
Diese Praktiken waren zumeist erfunden, auch wenn sie auf Kenntnissen beruhten, die er durch Neugier und ein gutes Gedächtnis erworben hatte; er übte sie wohl eher aus, um Freunden, die leidenschaftliche Okkultisten waren, einen Gefallen zu tun, als aus eigenem Interesse. Immerhin reichten sie – zusammen mit zahlreichen Jugendtorheiten – aus, dass er Probleme mit der Inquisition bekam.
Es gibt zwar keinen konkreten Beweis dafür, aber man spricht von einer möglichen Zusammenarbeit Casanovas mit dem Freund Lorenzo Da Ponte, Mozarts Librettisten, bei der Abfassung des Textes zum "Don Giovanni", der für das italienische Theater in Prag geschrieben war.
Vor der Zeit des Verfalls und der Reue, die mit seinem Tod im Exil endete, war Casanova öfters in seine Heimatstadt zurückgekommen, zum letzten Mal wahrscheinlich am 21. Juni 1783. Fünf Jahre davor hatte er

im Juni (und hier kommt jetzt der Squero von San Trovaso ins Spiel) heimlich Giuseppe Balsamo getroffen, den legendären Grafen von Cagliostro, den er bereits 1769 in Aix-en-Provence kennen gelernt hatte. Der Legende nach kam Cagliostro unter falschem Namen nach Venedig zu einem Zeitpunkt, als sein Ruhm als Zauberer und Wahrsager ständig stieg. Und genau zu dem Ort, der vor Ihnen liegt, kamen die beiden nachts, unter 'felze' (der alten Überdachung der Gondeln) verborgen, um sich heimlich zu treffen und Praktiken und Geheimnisse, die ewiges Leben versprachen, auszutauschen. Es ist wenig bekannt über dieses Treffen und seinen Inhalt: Sicherlich tat Cagliostro so, als besäße er die Formeln für das Wasser der ewigen Jugend und den Stein der Weisen. Den Versprechungen zufolge, die er seinen Adepten aus der von ihm gegründeten Ägyptischen Loge machte (der Name erinnerte ihn nostalgisch an die langen Reisen seiner Jugend in den Nahen Osten und nach Afrika), war er in der Lage, Menschen in den paradiesischen Zustand vor dem Sündenfall zurückzuführen, und zwar mittels einer Prüfung, die mindestens 5.557 Lebensjahre garantierte.
Cagliostro wurde samt Frau in der Pariser Bastille eingekerkert, wegen des Verdachts, 1789 in den Skandal um das Diamantencollier von Marie Antoinette verwickelt zu sein. Nach seiner Ausweisung aus Frankreich hatte er nichts Besseres zu tun, als in Rom direkt am Petersplatz eine Loge zu gründen. Er kam wegen Ketzerei und Hexerei vor die Inquisition; die ursprüngliche Verurteilung zum Scheiterhaufen wurde dann in Zuchthaus umgewandelt, während seine Frau Lorenza zwangsweise in einem Kloster landete.
Diese lange Vorrede soll erklären, dass es sich hier nicht um eine echte Gespenstergeschichte handelt. Es könnte doch sein, dass Casanova im Gegensatz zu seinem Freund Cagliostro noch lebt, weil er die Methode zur Verlängerung unserer Existenz in die Praxis umsetzen konnte. Offiziell ist er am 4. Juni 1798 in Dux in Böhmen gestorben und wurde den

Chroniken zufolge in dem nahen Barbarakirchlein beigesetzt – sein Grab ist aber spurlos verschwunden. Der Legende nach beschloss er, kurz nach der französischen Revolution, die ja die ihm so verwandte Welt der Galanterie wegfegte, nach Venedig zurückzukommen und unterzutauchen. Von langen Reisen und Studienaufenthalten abgesehen, müsste er also immer noch hier leben. Was diese mysteriöse Weiterführung seiner Existenz betrifft, so gibt es da verschiedene Versionen. Die einen behaupten, er lebe noch immer in seinem Körper, dem die Zeit wegen einer Zauberei nichts anhaben konnte, andere meinen, Casanova würde immer wieder 'sterben', um im Körper eines kleinen Venezianers, der im selben Moment zur Welt kommt, wiedergeboren zu werden.

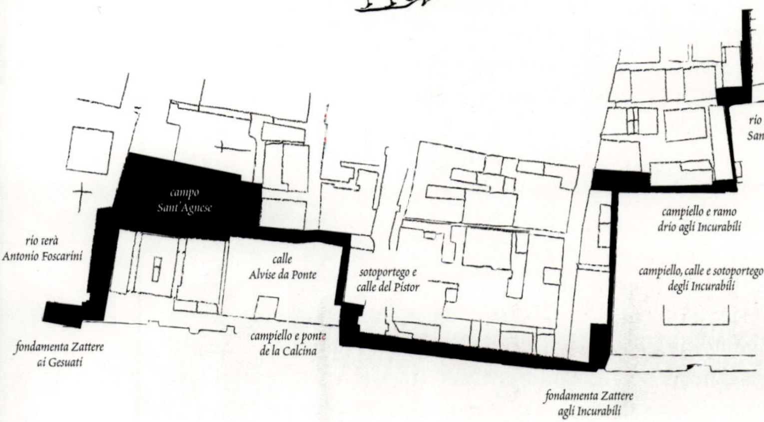

Lassen Sie die **Kirche von San Trovaso** hinter sich und gehen Sie auf dem Ufer weiter, aber nicht bis ans Ende; biegen Sie gleich hinter der Hausnummer 944 links ab in die enge *Calle dei Preti*. Hier sollten Sie nach oben schauen und sich die vielen kleinen Bögen ansehen, die die Gebäude auf beiden Seiten der Gasse miteinander verbinden. Auch das ist eine typisch venezianische Sitte. Sie gibt an, dass die Häuser beiderseits demselben Besitzer oder verwandten Familien gehörten. Wenn Sie aus der Calle kommen, stehen Sie auf der *Fondamenta Zattere ai Gesuati*, der *Insel Giudecca* gegenüber. Die breite Fondamenta, die früher *Carbonaia* hieß wegen der hier entladenen Kohlenfrachter, wurde 1519 gepflastert und bekam den Namen "*die Flöße*", da die riesigen Flöße, die aus dem Hinterland über Flüsse und Kanäle herkamen und das für das Arsenale bestimmte Holz lieferten, hier anliefen.

Gehen Sie jetzt rechts und gleich hinter der **Gesuati-Kirche** links (sie stammt trotz ihrer klassizistischen Fassade von 1736 aus dem frühen 15. Jh.) durch den *Rio terà Antonio Foscarini o dei Gesuati*. Raten Sie mal, wer *Antonio Foscarini* ist? Ja, genau der – der arme Liebhaber der *Lady d'Arundel*, der am Ende des dritten Rundgangs auftauchte. Hier stand sein Palazzo; er wurde 1863 abgerissen. Von dem Gebäude sind nur zwei Marmorinschriften erhalten, die über den großen Toren prangten: "*Decori voluptati emolumento*" und "*Nihil domestica sede iucundius*" – sie sind heute bei Hausnummer 880 eingelassen. Aber dafür reicht die Zeit nicht: Gehen Sie rechts ab, den *Campo Sant'Agnese* entlang und hören Sie sich lieber die Geschichte an, die hier erzählt wird, die …

Die **San-Trovaso-Kirche**, den Heiligen Gervasio und Protasio geweiht (deren Namen verballhornt zum Namen der Kirche wurden), stand schon im 11. Jh. 1028 wurde sie neu aufgebaut, ebenso 1105 nach einem Brand. Der jetzige Bau stammt aus dem Jahr 1584, nachdem die mittelalterliche Kirche 1583 eingestürzt war. Früher war diese Kirche gemeinsames Terrain der **Nicolotti** und der **Castellani**. Falls ein junger Mann ein Mädchen von der Gegenpartei heiratete, kamen die Castellani durch das Südportal herein, und die Nicolotti durch das auf der Kanalseite.

8 VON DER JAGD AUF BÖSE GEISTER

Elisa Zurlin, die bei allen im Viertel nach ihrem Beruf nur "die Schneiderin" hieß, plauderte gern bis spät mit ihren Freundinnen, wohl auch um nicht in Einsamkeit zu verfallen, nachdem der Krieg sie als junge Frau um ihren Mann gebracht hatte – er war auf einem Schlachtfeld des Ersten Weltkriegs gefallen.

1921 war ein heißer Sommer; seit einigen Tagen spürte sie, wenn sie nachts in der Dunkelheit über den Campo heimging, ständig ein merkwürdiges Flügelschlagen über ihrem Kopf, auch wenn absolut nichts zu sehen war. Als sie ihren Freundinnen davon erzählte, wollten sie ihr nicht glauben, aber ihre offenkundige Angst reichte aus, dass eines Abends der Mann von einer der Frauen sie nach Hause begleitete. Auch er hatte die gleiche Empfindung, als sie in die Nähe von Sant'Agnese kamen. "Weißt du, was du tun musst?", riet ihr Susi, diejenige, die sich unter den Freundinnen gerne als Kennerin von okkulten Praktiken hinstellte, "wenn du heute da vorbeigehst und das Rauschen wieder hörst, musst du sagen: 'Jäger, liebe Jäger, gebt mir auch etwas ab von eurer Jagdbeute!'. Du wirst schon sehen, wenn es wirklich Geister sind, dann geschieht etwas".

Elisa hatte keine Lust und außerdem Angst, aber bekanntlich ist Neugier stärker als der Verstand: Als sie auf den Campo kam und wieder das Rauschen hörte, sagte sie den Satz der Freundin. Kaum war er ausgesprochen, als eine Stimme antwortete: "Halt' die Schürze auf, damit ich sie dir zuwerfe!", und als sie folgte, spürte sie, wie etwas hineinfiel.

Es war stockfinster, und Elisa nahm nur die Beine in die Hand. Als sie zu Hause ankam, öffnete sie die Schürze und sah mit Grauen, dass sie voller Menschenknochen war.

Starr vor Schreck hatte die Schneiderin Mühe, den nächsten Morgen abzuwarten, um zu ihrer Freundin zu laufen. Aber die konnte sich das alles auch nicht erklären, und darum gingen sie zusammen zum Campo di Ognissanti, wo eine Alte wohnte, die als Hexe galt. "Jetzt musst du

eine kohlpechrabenschwarze Katze ohne auch nur ein einziges weißes Haar finden. Die nimmst du in deine Schürze, zusammen mit all den Knochen, und gehst so heute Abend zur selben Stunde über den Campo. Wenn du dann wieder das Flügelschlagen hörst, musst du sagen: Jäger, Jäger, kommt und nehmt euch eure Jagdbeute!".
Zu dem üblichen Zeitpunkt befolgte Elisa alles ganz genau, und kaum waren die entscheidenden Worte ausgesprochen, als sie ein heftiges Zerren an ihrer Schürze verspürte, als wolle jemand oder etwas den Inhalt an sich reißen. "Wenn du nicht das hier mitgebracht hättest, wärst du jetzt dran gewesen", ertönte eine Stimme von oben. Es war der Teufel, der um Haaresbreite die junge Witwe um ihre Seele gebracht hätte.

Gehen Sie nun geradeaus durch die lange *Calle Alvise Da Ponte*: rechts liegen dann *Sotoportego* und *Calle del Pistor*, die zum *Campiello de la Calcina* führen. Wie eine Mosaikgedenktafel ins Gedächtnis ruft, hat hier der britische Schriftsteller, Historiker, Kunstkritiker und exzellente Vedutenmaler *John Ruskin* (1819-1900, in London von schottischen Eltern geboren) gelebt. Von 1851 bis 1853 hat er das wunderbare Buch *Stones of Venice* geschrieben, das ihn zu einem der Begründer der Neogothik hat werden lassen.
Seine unglaubliche Fähigkeit, in der Architektur einen Effekt von Leichtigkeit, von Glücksgefühl wahrzunehmen, "wie die Anmut in der Bewegung eines Kindes oder wie der Glanz einer Welle, die sich auflöst", wird deutlich in der Beschreibung des Markusplatzes in seinem Tagebuch (November 1849).

Hier wurden die Wünsche der Menschen über Jahrhunderte durch das Meer gewandelt; hier sind sich die Geister von Ost und West begegnet, und die Strömungen von hundert Nationen wurden wie in einem Sog durcheinander gewirbelt, der immer neuen Ruhm aus dem Meeresschaum hervorbrachte: der strenge Pisaner, der träumerische Grieche, der ruhelose Araber, der träge Ottomane und der starke Teutone; die frühchristliche Duldung und die Furore mittelalterlichen Aberglaubens, das Feuer der antiken und der Rationalität der modernen Heiden – jeder hat etwas dazu beigesteuert, jeder zu seiner Zeit. Hier sind Marmorblöcke aus tausend Bergen, jeder von den dortigen Bewohnern bearbeitet, und die Opfergaben von tausend Inseln haben sich in einer Wolke von Weihrauch vermischt – diese Maske und der Moriskentanz von Mächten und Epochen haben die wilde Harmonie des Meeres erzeugt, die lieblichste, die sich die menschliche Seele je ausgedacht hat.

Gehen Sie nun über den *Ponte de la Calcina*; ein Gedenkstein erinnert daran, dass der Dichter *Apostolo Zeno*, ein Vorläufer *Metastasios*, bis zu seinem Tod (1750) hier in der Nähe lebte. Dann gehen Sie weiter die *Fondamenta Zattere agli Incurabili* entlang bis über die gleichnamige Brücke, danach links über *Campiello, Calle* und *Sotoportego degli Incurabili* bis zum *Campiello drio agli Incurabili*, hier nach rechts durch die Gasse, die ebenso heißt. Die Bezeichnung 'die Unheilbaren', die hier überall auftaucht, kommt daher, dass hier das **Hospital der Unheilbaren** war, das da gegründet wurde, wo *Maria Malipiero* und *Marina Grimani* 1522 drei Frauen bei sich aufgenommen hatten, die geschlechtskrank waren, was damals als unheilbar galt. Anfangs nur für Kranke bestimmt, nahm das Institut bald auch Waisenkinder und junge Leute auf, die eine christliche Erziehung und eine berufliche Ausbildung erhalten sollten. Am Ende der *Calle drio gli Incurabili* gehen Sie links ab durch den *Ramo drio agli Incurabili*; dann sind Sie gleich auf dem *Rio terà San Vio*, wo Sie an der Verwendung zweier

DIETRO

Arten von Pflaster erkennen können, wie der alte zugeschüttete Kanal verlief. In dieser Gegend stand einmal die alte **Kirche der Heiligen Vito und Modesto**, die 1310 mit dem Marmor ausgestattet wurde, der von dem zerstörten Palazzo des *Bajamonte Tiepolo* kam, des Anführers der berühmten Revolte, die am Tag des Hl. Vitus niedergeschlagen wurde (beim dritten Rundgang war davon die Rede). Die Kirche wurde 1813 abgerissen, aber die wenigen Marmorfragmente, die überlebt haben, sind noch immer in einer nahen Kappelle zu sehen, auf dem *Campo San Vio*. In dieser Umgebung hat auch die selig gesprochene *Contessa Tagliapietra* von ihrer Geburt (1288) bis zum Tod gelebt. Die Kirchenchroniken berichten, wie ihre Familie, die gegen ihre häufigen spirituellen Zusammenkünfte mit einem Priester der San Maurizio Kirche war, zu einem bestimmten Zeitpunkt allen Gondolieri der Gegend verbot, sie über den Canal Grande zu fahren. Die Selige breitete danach ein Leintuch auf dem Wasser aus und kam durch ein Wunder trocknen Fußes auf das andre Ufer. Wenn Sie weiter durch die Gasse gehen, stoßen Sie nach der Verbreiterung auf der Höhe des *Corte del Sabion* auf die *Fondamenta Ospedaleto*. Hier geht es rechts ab und schon sind Sie auf dem *Campiello Barbaro*. Bleiben Sie kurz stehen und sehen Sie sich in Ruhe den fast überwucherten, verwunschenen Palazzo an, der vor Ihnen aufragt: das ist nämlich die Rückseite von **Ca' Dario**, dem *fluchbeladenen Palast*, dessen Fassade auf den Canal Grande geht.

'Fondamenta degli incurabili' ist auch der Titel eines Buches, das der russische Schriftsteller und Nobelpreisträger von 1987 **Iosif Brodskij** der Stadt Venedig 1989 auf die Einladung des Consorzio Venezia Nuova hin gewidmet hat. Im Jahr 1972 aus Russland verbannt, lebte Brodskij lange in den USA, wo er auch 1996 starb; sein Körper wurde jedoch auf seinen ausdrücklichen Wunsch hin nach Venedig gebracht, wo er wie anfangs gesagt im evangelischen Teil der **Friedhofsinsel San Michele** ruht.

Zu dieser Familie Dario, die ursprünglich aus Dalmatien stammte, gehörte auch jener *Giovanni*, der 1479 in Konstantinopel in seiner Eigenschaft

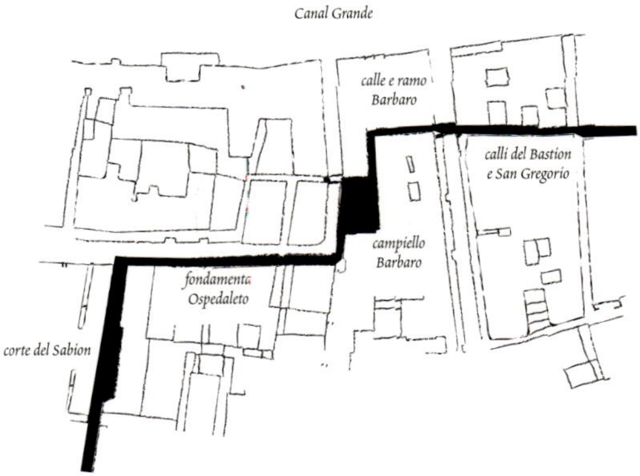

als Sekretär der Republik den Frieden mit den Türken unterzeichnete. Einige Jahre später ließ er 1487 diesen Palast erbauen oder wenigstens erneuern. Über Ca' Dario gibt es nicht soviel zu erzählen, außer dass auf seine unglücklichen Besitzer seit Jahrhunderten eine Welle von Unglücks- und Todesfällen niedergeht. Damit hat sich der Palast den legendären Ruf verdient als…

9 DER PALAST, DER UMBRINGT

Giovanni Dario hatte eine uneheliche Tochter, die mit einem jungen Mann aus der Familie Barbaro verheiratet war, den sie zum Kauf des Palastes bewog. Bald darauf wurde Giovanni Dario auf üble Weise aus dem Großen Rat ausgeschlossen, der Schwiegersohn fiel in Ungnade und die Tochter starb an Herzeleid.

Danach traf es Giacomo Barbaro, der im 17. Jh. in der Ca' Dario wohnte – er wurde Gouverneur von Candia und dann dort ermordet. Daraufhin wurde der Palazzo von dem reichen armenischen Diamantenhändler Arbit Abdoll gekauft, aber der Fluch des Hauses, den die Venezianer allmählich zu fürchten begannen, ließ nicht auf sich warten: Der Armenier verlor alles und starb arm wie eine Kirchenmaus. Merkwürdigerweise hat das negative Fluidum des Gebäudes immer nur die Besitzer, nie aber die Gäste des Hauses getroffen – mit einer einzigen Ausnahme! Der englische Gelehrte Rawdon Brown hat von 1838 bis 1842 hier zusammen mit seinem Freund gelebt. Beide endeten durch Selbstmord – Brown, nachdem er Hab und Gut verloren hatte. Dann dauert es einige Jahrzehnte, bis sich wieder etwas Ähnliches ereignet: Der amerikanische Magnat Charles Briggs, ein weiterer Besitzer, muss aus Italien verschwinden, weil er wegen seiner Homosexualität in einen Skandal verwickelt ist. Sein Liebhaber bringt sich wenig später in Mexiko um. Graf Filippo Giordano delle Lanze (wir sind inzwischen in den späten sechziger Jahren) wird im Palazzo ermordet – sein Lover schlägt ihm mit einer Statuette den Schädel ein. Der Mann (er heißt Raul) flieht nach London, um sich der Justiz zu entziehen, und ist auf immer wie von Erdboden verschluckt. Eines gewaltsamen Todes stirbt im Jahr 1981 auch Cristopher Lambert, der Manager der berühmten Rockband The Who, dem der Palazzo damals gehörte. Auch Fabrizio Ferrari, ein venezianischer Spekulant, konnte gegen die schrecklichen okkulten Kräfte, die über den Palazzo walten, nicht ankommen: Sein Kapital verflüchtigte sich in nichts. Seiner Schwester Nicoletta (die in Ca' Dario wohnte) erging es noch schlimmer: Ihre unbekleidete Leiche wurde später auf einer Wiese nahe bei ihrem Auto aufgefunden.

Dann ging der Palazzo an Raul Gardini, einen reichen italienischen Unternehmer der Chemie-Branche. Als er in Gerichtsverfahren wegen Bestechungsgelder und Korruption verstrickt wurde, erschoss er sich (oder

war es vielleicht ein als Selbstmord inszenierter Mord?). Seinem Schicksal entronnen ist dagegen der berühmte Tenor Mario del Monaco, der auf der Rückfahrt von einem der Treffen, auf denen der Erwerb verhandelt wurde, einen sehr schweren Autounfall hatte. Er überlegte sich die Sache und verzichtete auf den Kauf. Gerüchte? Geschwätz? Aberglaube? Die Rationalisten erklären das alles damit, dass in Venedig sicherlich jedes geschichtsträchtige Gebäude Schauplatz von Gewalttaten war; aber das, was über Ca' Dario waltet, sieht nicht aus wie eine der üblichen Legenden. Das beweist schon allein die Tatsache, dass zahlreiche Gespenster den Palast bevölkern, darunter auch die unglückseligen Besitzer, die er auf dem Gewissen hat.

Setzen Sie den Weg fort: *Calle und Ramo Barbaro* entlang, über den *Ponte San Gregorio*, dann durch *Calle del Bastion* und *Calle San Gregorio* bis zum *Campo San Gregorio*, dem Platz vor der gleichnamigen Kirche.
Wie an anderen Stellen in der Stadt fanden auch da, wo der *Rio di San Gregorio* beginnt, die so genannten '**Herkuleskräfte**' statt. Dieses Spiel, bei dem es auf Kraft und Geschicklichkeit ankam, war weit weniger blutig als der '*Krieg der Fäuste*': Die feindlichen Fraktionen der *Castellani* und der *Nicolotti* wetteiferten darin, regelrechte Menschenpyramiden zu formen, indem einer sich auf die Schultern des anderen stellte.
Im allgemeinen stand ganz oben ein Kind, der 'cimiereto', der oft die achte Ebene dieser unglaublichen lebenden Konstruktion bildete. Es gab auch viele Varianten der 'Grundfigur', deren Namen die Chroniken überliefern: *Das schöne Venedig, der Ruhm, der Koloss von Rhodos, die kleine Jungfrau, Mohameds Sarg* und viele andere.

Hier in der **Kirche des Hl. Gregor** wurde 1576 zunächst die Haut des *Marcantonio Bragadin* aufbewahrt, des Verteidigers von Famagosta, den die Türken ja wie gesagt 1571 bei lebendigem Leib enthäutet hatten, nachdem sie aus dem *Arsenale* von Konstantinopel entwendet worden war. Eine zeitgenössische Chronik berichtet: "Sie war auf die Größe eines Blatt Papiers gefaltet, sie war fest und fühlte sich an wie ein kleines Tuch; man sah noch die Brusthaare darauf und an der rechten gehäuteten Hand hingen noch die Fingernägel, die aussahen, als seien sie lebendig". Danach wurde die Haut des Helden am 18. Mai 1596 feierlich in die **Chiesa dei Santi Giovanni e Paolo** überführt, wo sie bis heute in einer Urne ruht. Über die San Gregorio-Kirche, oder besser gesagt über den kleinen Kirchhof, der früher dazu gehörte, ist eine kurze, aber nicht weniger beunruhigende Volkserzählung überliefert, die sich Ende des 14. Jhs. abspielte, die…

Die **Gregorskirche** wurde 806 gegründet und um 1000 den Benediktinermönchen überlassen, die 1160 im großen Gebäude zum Canal Grande hin ihr **Kloster** errichteten. Dieses mächtige Zentrum mönchischen Lebens hörte 1775 nach fast tausend Jahren auf zu existieren. Die Kirche wurde all ihrer Kunstwerke beraubt und dann zu einer Münzstätte umfunktioniert, in der Gold raffiniert wurde.

10 VON DER FURCHTBAREN RACHE DES SCHÄDELS

Die Geschichte, die sich die Bewohner der Gegend seit Urzeiten erzählen, berichtet von einem jungen Liebespaar, das eines Abends auf dem Nachhauseweg am kleinen Friedhof vorbeikam, auf dem neben den Gräbern auch viele menschliche Knochen herumlagen. Der junge Mann sah einen Schädel und kickte ihn in den Kanal, um seiner Schönen seinen Mut zu beweisen. Das Mädchen lachte schamlos über die Heldentat, und im übrigen vergaßen beide den Vorfall, den sie als harmloses Vergnügen ansahen, sofort, ohne zu ahnen, welche Folgen die Gemeinheit haben sollte. Nach ein paar Monaten heirateten die zwei und zogen in die Gegend am Friedhof. In der Hochzeitsnacht pochte es an die Haustür. Der Mann ging hin, um aufzumachen, und sah ein wunderschönes Mädchen vor sich stehen. "Wer bist du denn?", fragte er. "Ich bin die, die du in den Kanal gekickt hast", war die Antwort. Dem Mann fiel nichts Besseres ein, als ihr die Tür vor der Nase zuzuschlagen und nach oben zu seiner Frau zu rennen. Als er aber ins Zimmer trat, erbleichte er und wurde ohnmächtig: Seine Frau sah ihn an, ihr Gesicht war angstverzerrt und vollkommen entstellt, und all ihre schönen weißen Zähne lagen auf dem Bett verstreut.

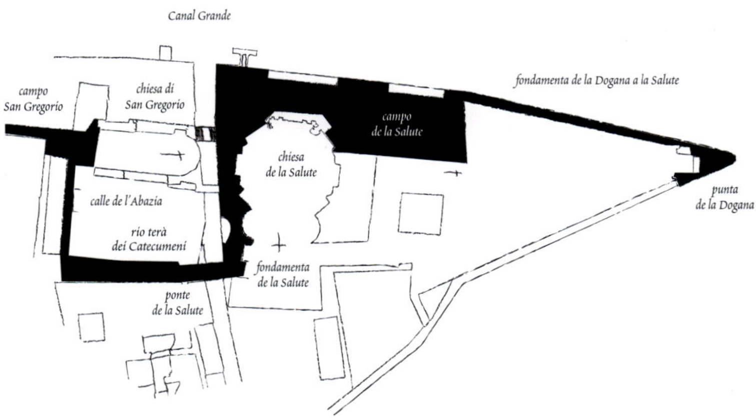

Wenn man mit dem Rücken zur Kirche steht, geht links wenige Meter von der Fassade entfernt die *Calle de l'Abazia* ab; nehmen Sie die und biegen Sie dann links ab, den *Rio terà dei Catecumeni* entlang. Hier waren ab 1571, d.h. nach der *Schlacht von Lepanto* (nochmal die Türken!), die Kriegssklaven untergebracht, die mit mehr oder weniger Überzeugung zum Christentum übertreten wollten. Gehen Sie über den *Ponte de la Salute* und gleich werden Sie vor der herrlichen **Kirche Madonna della Salute** stehen.

Der Bau der Kirche der 'Salute' geht auf den 22. Oktober 1630 zurück, als der Senat der Serenissima die Errichtung eines großen Tempels beschloss, der der Madonna geweiht sein sollte als Dank dafür, dass sie Venedig von der schrecklichen Pestilenz, die in großen Teilen Europas wütete, befreit hatte. Unter den elf eingereichten Entwürfen wurde der des damals 26-jährigen Architekten Baldassare Longhena ausgewählt. Er begann sofort mit dem Bau, der jedoch erst am 9. November 1687 geweiht wurde, also fünf Jahre nach seinem Tod.

Früher kam der Doge jedes Jahr am 21. November, dem **Tag des Tempelgangs Mariae**, in einer feierlichen Prozession hierher, um die Erinnerung an das Ende der Pest würdig zu begehen. Der Zug begann auf dem Markusplatz und ging auf zwei Pontonbrücken, die diese Stadtteile mit den gegenüberliegenden *San Moisè* und *Santa Maria Zobenigo* verbanden, über den Canal Grande hinweg.
Noch heute, wo die Pontonbrücke die beiden Seiten bei *Santa Maria del Giglio* und *San Gregorio* (in der *Calle del Traghetto*) miteinander verbindet, wird diese Tradition eines der beliebtesten und authentischsten Volksfeste der Venezianer fortgesetzt. Weniger innerlich, aber umso spektakulärer ist **la Festa del Redentore**. Das ist eine weitere wichtige venezianische Festivität, bei der man zu Fuß über eine sehr lange Pontonbrücke von den *Zattere allo Spirito Santo* bis zur *Insel Giudecca* geht; auch hier wird das Ende einer schrecklichen Pestwelle in Erinnerung gerufen, nämlich jener, die nach 1577 zur Errichtung von

Palladios Erlöserkirche führte. Das Ereignis findet jedes Jahr am dritten Sonntag im Juli statt. Und der Abend davor, wenn das Hafenbecken von San Marco voller festlich geschmückter Boote ist, auf denen Venezianer und ihre Gäste fröhlich feiern, endet mit einem glanzvollen Feuerwerk, das das *Redentore-Fest* in der ganzen Welt berühmt gemacht hat.
Kehren wir nun zu der monumentalen Kirche und dem Ort zurück, wo sie errichtet wurde, denn aus jener Zeit und Umgebung stammt die unglaubliche Geschichte, die wir Ihnen jetzt erzählen wollen, die …

II VON DEN PESTKRANKEN, DIE RUHE SUCHTEN

Der Alte fixierte Elisabetta nun schon minutenlang trübselig, aber keiner von beiden rührte sich vom Fleck und ging aus dem Wegstück weg, das vom Kloster San Gregorio zum Ospizio della Trinità führte. Sie war wie versteinert vor Schreck - das Mondlicht, das von Portikus dahinter hereinfiel, ließ keinen Zweifel: der Alte war ein Gespenst, denn durch seinen ausgemergelten, fahlen Körper hindurch konnte man die Ziegel der Wand dahinter sehen. "Jesses, Jesses Maria…", wiederholte sie panisch, ohne die Kraft aufzubringen wegzugehen und ohne dass der Alte ein Anzeichen gab, dass er ihr etwas antun wollte.
Das Gespenst hatte eine gewöhnliche Hose und ein weißes Hemd an, als sei es in aller Eile aus dem Hause gegangen. "Er sieht müde aus", dachte sie trotz ihrer Angst. Vom Ende der Gasse schien jetzt Stimmengewirr näher zu kommen. "Hilfe! Hilfe!", rief Elisabetta und sah dabei instinktiv in die Richtung der Stimmen, aber als sie sich einen Moment später wieder umdrehte, hatte sich der Alte in Luft aufgelöst.
Wir sind im Jahr 1636, und von da an häufen sich die merkwürdigen Vorkommnisse, fast immer gegenüber Menschen, die etwas mit der Baustelle der entstehenden Basilica della Salute zu tun haben (Elisabetta war

z.B. die Frau von einem der Bauleiter): Kinder, die mit den Kindern der Arbeiter spielen wollten, und dann plötzlich spurlos verschwanden, erstickte Stimmen und Rumoren des Nachts, knurrende schwarze Hunde, die sich auflösten, wenn man ihnen mit dem Stock drohte.

Auf diese ersten Vorfälle hin, die im Grunde genommen noch harmlos waren, folgte bald eine Reihe von immer bedrohlicheren Erscheinungen: Glas klirrte, die Türen flogen zu, ständig hörte man Klauen auf dem Fußboden kratzen und manchmal ein dumpfes Knurren, das an einen Kampf von Straßenkötern erinnerte, aber auch noch andere Geräusche, wie wenn Möbel verschoben werden oder wenn einer die ganze Nacht mit Ketten rasselt. Am Ende kamen in einem beängstigenden Crescendo regelrechte Angriffe auf die Personen hinzu: Bettdecken wurden mitten in der Nacht weggerissen, jemand oder etwas riss im Dunkeln an den Haaren von Frauen und Kindern, und wenn einer sich dann dagegen wehrte, wurde er gleich von einer unsichtbaren Hand geohrfeigt. Die Situation wurde langsam dramatisch – auch wenn die Arbeiter von der Baustelle weggingen, wurden ihre Familien weiterhin gepiesackt; hinzu kamen dann noch die der neu eingestellten Arbeiter. In kurzer Zeit nahm die Angelegenheit solche Ausmaße an, dass sie dem Rat der Zehn unterbreitet werden musste.

Die erste Hypothese, es handle sich um Seelen Verstorbener (solcher, die im alten Friedhof des Ospizio della Trinità und der dazugehörigen Kirche begraben waren), wurde sofort ad acta gelegt, weil mehrere Seelenmessen nicht zu einem nennenswerten Ergebnis führten. Im übrigen war man schon dabei, die ursprüngliche Anlage zu demolieren und die Toten wie angeordnet umzubetten, um Platz für Longhenas Bauwerk zu schaffen. Während die Abrissarbeiten schnell vorangingen, traten die Angst auslösenden Erscheinungen immer hartnäckiger auf; gleichzeitig war ein zunächst diffuses Gebrumm immer deutlicher da zu hören, wo gerade gearbeitet wurde. Innerhalb weniger Tage hatte sich jenes merkwürdi-

ge verhaltene Geräusch in ein Gemurmel von Stimmen verwandelt, die sogar zu verstehen waren. Daraufhin wurde das Gebiet abgeriegelt und von einer beachtlichen Anzahl von Gendarmen bewacht, die dem erfahrenen Kommandanten Girolamo Sartori unterstanden.
Bei der dritten Nachtwache war in der Luft ein eigenartiger Ton zu hören, es war, als sagten ein Mann und eine Frau gleichzeitig dieselben Worte. Sartori ging in die alte Kirche hinein, von der nur noch die Außenmauern standen, und sagte entschieden: "Wer bist du?"
Nach einem Moment Stille antwortete plötzlich eine geheimnisvolle Stimme: "Ich bin ein Geist von irgendwoher… , vom Himmel, von der Hölle, der Erde, ich bin vor Millionen von Jahren erschaffen worden, mehr kann ich nicht sagen". "Was willst du?", fragte der gute Sartori weiter, bekam aber keine Antwort. Da zerriss ein gellender Schrei wie aus tausend Kehlen die trostlose Stille jener Nacht; Ströme von Blut begannen, aus Wänden und Fußboden des alten Gebäudes hervorzuquellen, während auf einmal wie durch Zauber auf den Klosterwänden geschrieben stand: "Bitte helft uns, damit wir Licht, Messen und Gebete bekommen".
Die Gendarmen waren starr vor Entsetzen. Sie wussten nicht, was sie tun sollten, rannten ziellos hin und her und waren versucht, Reißaus zu nehmen. Einige gaben unnötigerweise auch noch Schüsse ab.
Dann brach das Höllenspektakel abrupt ab, als sei nichts geschehen, ohne irgendwelche Spuren zu hinterlassen. Der alte Kommandant war tief erschüttert, wartete aber trotzdem nicht den Tagesbeginn ab. Er befahl seinen Männern, Hacke und Spaten zu nehmen und zu graben. Nach wenigen Stunden bot sich ihnen ein fürchterliches Schauspiel im Licht der Fackeln: Diejenigen, die beauftragt worden waren, die Körper umzubetten, hatten, um Zeit und Mühe zu sparen, einfach Grabsteine und Kreuze vom alten Friedhof entfernt, aber die Leichen liegen lassen, da eine Kontrolle ja unwahrscheinlich war. Die Gräber in der Kirche waren voll gestopft mit armseligen menschlichen Resten: Knochen von Män-

nern, Frauen und Kindern aus allen sozialen Schichten lagen übereinander gestapelt in den weiträumigen Grabstätten der reichen Familien. Während der Pest nahm man es nämlich nicht so genau: Grabmäler und Krypten wurden zu Massengräbern, in die die Leichen der Pestkranken wegen der Ansteckungsgefahr einfach in aller Eile hineingeworfen wurden. So waren die Toten, die kein anständiges Grab hatten, gekommen, um wenigstens Frieden im Himmel fordern.
Man ging der Sache nach. Die Verantwortlichen wurden aus der Stadt verbannt – Longhena hatte nichts damit zu tun. Was die menschlichen Überreste betrifft, die wurden eingesammelt und anderswo hingebracht. Alles Spiritistische hörte mit einem Schlag auf, aber wo die Knochen landeten, weiß man nicht genau. Die Chroniken berichten, eine Million Holzpfähle seien in den schlammigen Lagunenboden gerammt worden, um das Gewicht der entstehenden Basilika zu tragen. Der volkstümlichen Überlieferung zufolge hat dann eine Gruppe von Gendarmen vor Abschluss der Arbeiten an einem unbekannten Platz in der Mitte des Fußbodens der 'Salute' eine Vielzahl von kleinen Holzkisten mit menschlichen Überresten versenkt. Die Überwachung dieser Arbeiten erfolgte durch niemand anderen als … den guten, alten Girolamo Sartori.

Gehen Sie auf der *Fondamenta de la Dogana a la Salute* weiter, da wo der Canal Grande breiter wird und in die Bucht von San Marco mündet. Ein paar Meter und wir sind am Ziel unsrer aufregenden Reise zwischen Geschichte und Legende: bei der **Punta della Dogana da mar**,

mit dem **Markusplatz** auf der einen und der **Insel San Giorgio Maggiore** auf der anderen Seite. Die 'Zollspitze' wurde Ende 17.Jh. von *Giuseppe Benoni* da erbaut, wo zuvor ein hoher Turm mit Zinnen stand, der zum alten Verteidigungssystem der Stadt gehörte. Über dem Bau stehen zwei Atlas-Figuren aus Bronze, die eine Goldkugel hochhalten, auf der die Göttin Fortuna schwebt.
Ihr Standort ist einer der Punkte, wo sich die Stadt in ihrer ganzen Schönheit zeigt. Aber wenn es abends stürmt, sollten Sie sich nicht über das Ufer hinausbeugen: Aus der aufgewühlten Wasseroberfläche könnte etwas auftauchen, nämlich …

12 DAS MONSTER DER SCHWARZEN GEWÄSSER

Alte Volkserzählungen berichten von einer großen Vertiefung genau unter der Punta della Dogana, in der ein schauderhaftes Wesen leben soll, im Aussehen so etwa zwischen *Kraken* und *Nessi*. Das Ungeheuer zeigt sich so gut wie nie, höchstens in mondlosen Nächten, wenn der Wind das Wasser aufwühlt und so die Formen, die sich darin bewegen, nicht mehr zu unterscheiden sind.
Das Monster wurde 1933 das letzte Mal gesehen, und zwar von zwei Fischern, die in einer Neumondnacht mit einer schwachen Leuchte Tintenfische fangen wollten. Sie erzählten, sie hätten das Monster dicht neben ihrem Boot auftauchen sehen, wie es mit seinem riesigen Maul eine Möwe verspeist und nach einer andren geschnappt habe, bevor es wieder in das schwarze Lagunenwasser bei der Punta della Dogana abgetaucht sei. Aus ihrer aufgeregten Schilderung ging hervor, dass das Vieh einen glatten, dunklen Schlangenkörper hat, etwa acht Meter lang ist und an der dicksten Körperstelle einen Durchmesser von über einem Meter hat. Der Körper der Kreatur bewege sich rhythmisch in Wel-

lenlinien und der Kopf, ein Pferdekopf mit einem gigantischen Maul mit weißen Sägezähnen, sei knapp über der Wasseroberfläche gewesen.

Gut, damit wären wir also am Ende der vier Rundgänge auf der Suche nach dem Geheimnisvollen. In der Hoffnung, dass die Führung Ihnen geholfen hat, besondere, faszinierende Seiten von Venedigs Atmosphäre wahrzunehmen, möchten wir uns wieder mit Ihnen verabreden, um neue Wege durch Gassen und Plätze dieser magischen Stadt zu entdecken, die ebenfalls mit rätselhaften Erzählungen und Legenden verbunden sind. Und zum Abschied noch eine letzte Geschichte aus diesem Sestiere…

die von den drei uralten Schwestern. Eines Tages sieht die Älteste von der Terrasse aus einen hübschen jungen Mann aus adliger Familie vorbeigehen – und lässt gleich ein duftendes Tüchlein vor seine Füße fallen. “Das Mädchen muss ja bildschön sein”, denkt der junge Mann, als er es aufhebt, und klingelt an der Haustür. Als ihm eine der Schwestern aufmacht, fragt er höflich, ob hier ein junges Mädchen wohne.
“Gewiss, mein Herr, mehr als eines”, ist die Antwort. – “Ich würde gern die sehen, der dies Tüchlein gehört”. – “Oh, das ist nicht möglich, junger Mann”, antwortet die Alte, “in diesem Haus kann man ein Mädchen erst sehen, wenn es verheiratet ist”. “Also gut!”, beschließt der junge Mann, dessen Phantasie sich inzwischen ‘seine’ Angebetete ausgemalt hat, “dann heirate ich sie eben, ohne sie zu sehen”. Und schon rannte er heim, um seine Familie zu informieren. Deren Einwände

nützten wenig – er war entschlossen. Als er zurück kam, öffnete ihm wieder die Alte. "Nur eine Bitte – Ihr seid doch die Großmutter?". – "Ja, ja, hm… so kann man sagen". – "Dann zeigt mir doch wenigstens den Ringfinger Eurer Enkelin". – "Jetzt nicht! Kommt morgen wieder". Kaum war er weg, da machten sich die drei alten Weiber dran, einen Wachsfinger zu modellieren. Der Verliebte tat die ganze Nacht kein Auge zu und stand am nächsten Morgen wieder vor der Tür. Durch das Schlüsselloch sah er den 'Finger' seiner Braut, der so perfekt war, dass er ungeduldig ausrief: "Großmutter, ich möchte Eure Enkelin gleich heiraten". "Wenn Ihr wollt, auch morgen", war die Antwort. "Gut, dann also morgen", meinte der junge Mann, der so reich war, dass er eine Hochzeit auch in einem Tag ausrichten konnte.

Am folgenden Hochzeitstag stützten zwei Schwestern die dritte, die tief verhüllt war, und als der Bräutigam die Schleier lüften wollte, kam gleich ein entschiedenes: "Nein! Erst im Schlafzimmer". So gingen sie denn zur Kirche und heirateten. Dann wollte der Bräutigam zum Hochzeitsschmaus gehen, aber die Alten lehnten ab: "Das ist die Braut nicht gewohnt…". Und wieder musste er bis zum Abend warten. Die Schwestern brachten die Braut zu Bett, gingen weg und nahmen das Licht mit. Aber der junge Mann hatte eine Kerze bei sich; die zündete er an – und was sah er? Eine runzlige Alte! Zuerst war er starr vor Schreck; dann packte ihn die Wut, und er warf die Alte mir nichts, dir nichts aus dem Fenster.

Unter dem Fenster war ein Laubengang, der unter dem Gewicht der Frau einbrach; sie blieb aber an einem Zipfel ihres Nachthemds darin hängen. Drei Feen, die vorbeikamen, sahen sie so da oben baumeln und konnten sich vor Lachen nicht mehr halten bei diesem komischen Anblick, bis eine schließlich sagte: "Sie hat uns so amüsiert, das muss belohnt werden". Und so schenkte ihr die eine Jugend und betörende Schönheit, die andere einen liebenden Ehemann, und die dritte ein Leben in Wohlstand. Am Morgen wachte der junge Mann auf und hoffte, alles sei nur ein

Albtraum gewesen. Als er das Fenster öffnete, sah er auf der Laube ein bildschönes Mädchen sitzen. "Mein Gott, was hab' ich getan!", rief er, half der Schönen herauf und entschuldigte sich in einem fort. Kurz darauf klopfte es, und die 'Großmutter' der Braut trat ein. Die Alte unterdrückte mühsam einen Schrei, als sie statt ihrer Schwester ein hinreißendes Mädchen auf dem Bett liegen sah. Sobald sie konnte, fragte sie, wie sie so jung und schön geworden sei. Worauf die Braut antwortete: "Wenn du nur wüsstest… ich habe mich hobeln lassen!". – "Hobeln?! Sag mir, von wem? Das mach ich auch". – "Na, vom Schreiner!", antwortete die andre. Die Alte stürzte davon. "Herr Schreiner, könnt Ihr mich nicht hobeln?". – "Aber nein! Ihr seid zwar dürr wie ein Holzbrett, aber wenn ich Euch hoble, überlebt Ihr das nicht". – "Da macht Euch mal keine Sorgen". – "Was soll das heißen! Wenn Ihr dabei draufgeht?" – "Lasst das nur meine Sorge sein! Nehmt die Dukaten hier und tut, was ich Euch sage". Der Anblick des Geldes stimmte den Mann um, er nahm den Hobel und fuhr ihr damit über die runzligen Wangen. Die Alte schrie auf. "Wenn Ihr schreit, geht das nicht". Sie wandte ihm die andere Gesichtshälfte zu, und der Schreiner hobelte weiter. Diesmal schrie die Alte nicht – sie war nämlich schon tot. Was die dritte Schwester angeht, die war spurlos verschwunden. So blieb das glückliche 'Mädchen' allein im Haus mit ihrem jungen Ehemann, und sie lebten froh und zufrieden und wenn sie nicht gestorben sind…

Danksagungen des Autors

Wenn man ein Buch schreiben will, hat man die Vorstellung, man setzt sich still in eine Ecke, um die Gedanken zu ordnen, und man kommt nicht auf die Idee, wie viele Menschen nötig sein werden, um die Arbeit zu Ende zu führen.
Mir haben recht viele geholfen, weshalb auch die Liste der Danksagungen lang ist. Mein Dank gilt vor allem Elena, ohne deren Zuspruch dies Werk (wie auch immer es geworden ist) heute noch auf halbem Weg zwischen meinem Kopf und dem Computer wäre.
Herzlich danken möchte ich außerdem: meinem Bruder Alessandro, der ein Buch gesehen hat, wo für mich nur ein Haufen Wörter war; meinen Eltern Gianni und Luisa für ihre bedingungslose Unterstützung; Vito, der diese Seiten prägte und das, was ich Schwarz auf Weiß zu Papier brachte, mit seinem herrlichen Schwarz-Weiß bereicherte; Valter dafür, dass er hier sein unverwechselbares "Zeichen" aufdrückte; Giulio und Natasa, meinen ersten Lesern und Beratern; Leopoldo, an dessen Disponibilität ich nie zweifelte; Giannantonio, dem ich es verdanke, dass das Buch nicht wie beabsichtigt durch die Hintertür, sondern durch das große Portal des 'Ateneo Veneto' hereinkam, mit allem, was das für mich bedeutete; Adriana, die eine eigene Seite verdient hätte und sich stattdessen mit diesem Hinweis begnügen muss; Piero dafür, dass er so aufrichtig an mein Projekt geglaubt hat; Alvise für seinen entscheidenden Beitrag, der ihm eine solide Basis gab; Marco und Chiara, für das vorzügliche Abendessen und für all das, was sie jetzt und in Zukunft tun; Olga und Marco, ihr dafür, dass sie meine Prosa Albiones Kindern und der ganzen Nachkommenschaft verständlich machte, ihm, einmal weil er sympathisch ist – und dann weil er mein Buch gelesen hat, und es ihm auch noch gefallen hat; ihrer Tochter Anna, in der Hoffnung, dass sie immer mein Fan Nummer 1 bleibt; Renato, für seine Freundschaft und für die Ermutigung, mehr noch als für seine konkrete, entscheidende Hilfe; Federico, den es überraschen

wird, dass er hier auftaucht, dem ich aber einiges zu Linda Cimetta verdanke; Luca, der mit mir die Hände am Skelett des Glöckners vermessen hat; Oskar für seine letzte ermutigende Durchsicht; Edgar Allan Poe, Joseph Conrad, Charles Dickens, Howard Phillips Lovecraft, von denen ich – von ihrem merkwürdigen, unbetretbaren Olymps aus – auf dem Grund des literarischen Strudels, in dem ich mich befinde, etwas Erleuchtung erhielt;
Saverio, dem gegenüber ich mich zu Dank verpflichtet fühle, ohne genau zu wissen warum – er weiß es sicher; Alessandro für den starken Glauben an meine Gespenster, die er ohne zu zögern in seinen Verlag Elzeviro aufgenommen hat; ihm und Laura, für die Nachmittage am Seeufer, wo wir diskutierten, wie dieser Phönix aus der Asche aufsteigen kann; und auch Ihnen, liebe Leser/innen, ein herzliches Dankeschön, dass Sie bis hierher gekommen sind. Ich hoffe aus tiefster Seele, dass dieses Buch Sie amüsiert und dazu beigetragen hat, dass Sie Venedig neu entdeckt und mit anderen Augen gesehen haben, mit einem Blick, der das Augenscheinliche durchdringt.

Literaturhinweise

AA.VV., Calli, campielli e canali, Helvetia, Venezia, 1989.
AA.VV., Casanova, serie "I grandi enigmi di Martin Mystère", n. 143, Sergio Bonelli, Milano, 1994.
AA.VV., Cronache dell'inspiegabile, Selezione dal Reader's Digest, Milano, 1989.
AA.VV., Dizionario enciclopedico universale, Sansoni, Milano, 1995.
AA.VV., Guida anagrafica, La Tipografica, Venezia, 1969.
AA.VV., Il fiore della felce - racconti russi dell'aldilà, Stampa alternativa, Terni, 1996.
AA.VV., Introduzione a ricerche etnografiche nel Veneto, Accademia olimpica, Vicenza, 1981.
AA.VV., Le streghe, Editoriale del drago, Milano, 1987.
AA.VV., Nel mondo dell'incredibile, Selezione dal Reader's Digest, Milano, 1981.
AA.VV., Sui passi di Casanova a Venezia, Idealibri, Milano, 1993.
AA.VV., Universo, enciclopedia dell'Istituto geografico De Agostini, Novara, 1973.
AA.VV., Viaggio nel mistero, Selezione dal Reader's Digest, Milano, 1984.
Giorgio Aldrighetti, Il leone di San Marco, suppl. ai numeri 1-2-3 di "Provincia di Venezia", Venezia, 1995.
Dante Alighieri, Die göttliche Komödie, übersetzt von Karl Steckfuß, in Projekt Gutenberg.de - http://gutenberg.spiegel.de/
Domenico Giuseppe Bernoni, Tradizioni popolari veneziane, Filippi, Venezia, 1990.
Italo Calvino, Italienische Märchen, Manesse, Zürich, 1988
Antonella Federici, Raul, vittima del palazzo maledetto, in "Il Gazzettino" di Venezia, 24 luglio 1993.
Il mappamondo di Fra Mauro, edizione limitata stampata in Italia.
John Kent, Gira gira Venezia, Rizzoli, Milano, 1989.
Josef Konas, Lucie Saskova, Le leggende praghesi, Agropress a.s. Venkov, Praga, 1991.
Frederic Lane, Seerepublik Venedig, Prestel, München, 1980.
Giulio Lorenzetti, Venezia e il suo estuario, Lint, Trieste, 1974.
Herman Melville, Moby Dick oder Der Wal, Carl Hanser Verlag, München 2001.
Marisa Milani, Streghe, morti ed esseri fantastici nel Veneto oggi, Editoriale Programma, 1990.
John Julius Norwich, Artikel aus der Veröffentlichung von Christie's International S.A., Versteigerung n. 2305, 9.9.1996.
Giuliano Pavon (Hg.), Cose d'arte e di storia nella parrocchia di Madonna dell'Orto.
Andrea Penso, I pozzi, in "Archeovenezia", Jg. V, n. 4, Dezember 1995.
Leopoldo Pietragnoli, Quella donna nel baule, in "Il Gazzettino" di Venezia, 27.4.1997.
Mario Praz, La letteratura inglese dai romantici al Novecento, Rizzoli, Milano, 1992.
John Ruskin, Steine von Venedig, 1903-06; Faks.-Ausg., hrsg. v. W. Kemp. (Die biblioph. Taschenbücher, 697), 1994.
John Steinbeck, König Artus und die Heldentaten der Ritter seiner Tafelrunde, dtv Verlag, München, 2000.
Silvano Tagliapietra, Cronache muranesi - La magnifica comunità di Murano, Helvetia, Venezia, 1979.
Giuseppe Tassini, Curiosità veneziane, Filippi, Venezia, 1990.
Silvio Testa, A Venezia molti pensano che Ca' Dario ha colpito ancora, in "Il Gazzettino" di Venezia, 13 giugno 1991.
Diego Valeri, Guida sentimentale di Venezia, Passigli, Firenze, 1994.
Alda Vanzan, Tubi e rubinetti presi di mira dal fantasma del filosofo, in "Il Gazzettino" di Venezia, 17 febbraio 2000.
Piero Zanotto, Paolo Piffarerio, I nizioleti raccontano, Il Cardo, Venezia, 1995.
Piero Zanotto, Paolo Piffarerio, I nizioleti raccontano 2, Il Cardo, Venezia, 1996.

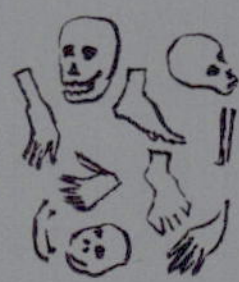